Houses
new living spaces

Casas
para vivir

Houses
new living spaces

Casas
para vivir

monsa

Houses. New living spaces
Casas para vivir
Copyright © 2006 Instituto Monsa de ediciones

Editor
Josep María Minguet

Layout / Maquetación
Patricia Martínez

Art director / Director de Arte
Louis Bou

Translation / Traducción
Babyl Traducciones

© INSTITUTO MONSA DE EDICIONES
Gravina 43 (08930)
Sant Adrià de Besòs
Barcelona
Tlf. +34 93 381 00 50
Fax. +34 93 381 00 93
www.monsa.com
monsa@monsa.com

ISBN 84-96429-64-4
D.L B-30347-2006

Printed by / Impreso por
Gráficas Domingo

All rights reserved. No part of this book may be used or reproduced in any manner whatsoever without written permission except in the case of brief quotations embodied in critical articles and reviews. Whole or partial reproduction of this book without editors authorization infringes reserved rights; any utilization must be previously requested.

Queda prohibida, salvo excepción prevista en la ley, cualquier forma de reproducción, distribución, comunicación pública y transformación de esta obra sin contar con la autorización de los titulares de propiedad intelectual. La infracción de los derechos mencionados puede ser constitutiva de delito contra la propiedad intelectual (Art. 270 y siguientes del Código Penal). El Centro Español de Derechos Reprográficos (CEDRO) vela por el respeto de los citados derechos.

Reservados todos os direitos. Fica rigurosamente proibida, sem a autorização escrita dos titulares do copyright e, a reprodução total ou parcial desta obra por qualquer medio ou procedimento, entre eles, a reprografia, o tratamento informatico e a distribuição de exemplares por aluguel ou emprestimo publico.

Index

10-15 **Villa Room**
Architectenbureau Paul de Ruiter

16-25 **Skrudas House**
Studio Granda

26-35 **Bach Residence**
Petersen & Verwers Architecture

36-43 **AKM Apartment**
Jackson Clements Burrows

44-49 **Strand Dwelling**
Satellite Design Workshop

50-57 **Notting Hill Penthouse**
David Connor, Kate Darby

58-65 **Jalan Ampang House**
Guz Wilkinson / Guz Architects

66-73 **Via Arriba Residence**
Kirkpatrick Associates Architects

74-81 **House in Brookline**
Jonathan Levi Architects

82-91 **Bassil Residence**
Kamal Homsi /Archika

92-101 **Sistek House**
Felipe Assadi

102-109 **Achio House**
Guillermo Garita & Athanasios Haritos

110-119 **Sinquefield House**
Barton Phelps & Associates

120-129 **Tamburine House**
Richard Dorman

Pages	Title	Architect
130-137	**Reyna Residence**	Dean Nota Architect
138-143	**Belson Residence**	Lehrer Architects
144-149	**Lawson Western House**	Eric Owen Moss
150-155	**Kohli Residence**	Frank Glynn
156-163	**M House**	Michael Jantzen
164-169	**Williams House**	Robert Harvey Oshatz
170-175	**Knollenberg House**	Barrett Studio Architects
176-181	**Laren House**	Monk Architecten
182-189	**Rooftecture M**	Shuhei Endo
190-197	**Shimomura House**	Rockhill and Associates
198-205	**Agosta House**	Patkau Architects
206-215	**A house for two architects**	House + House Architects
216-221	**Plastic model Residence**	Masao Koizumi / C+A
222-227	**Summer home and gallery**	Henning Larsens Tegnestue
228-235	**House on Omø Island**	Ole Holst
236-241	**Tree House**	Dawson Brown Architecture
242-249	**Wenger House**	Heidi & Peter Wenger
250-256	**Black box**	Andreas Henrikson

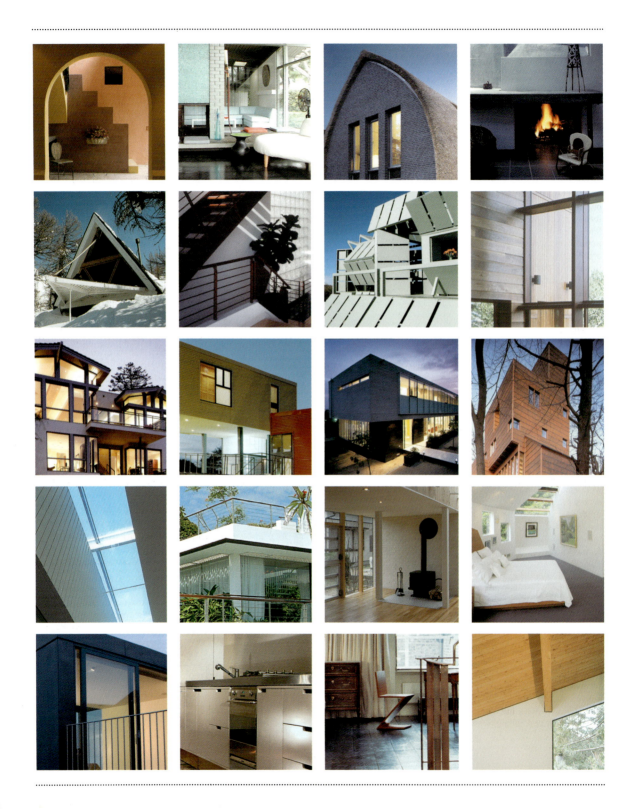

Intro

At the start of the new millennium there still continued to be a question mark over the family residence with regard to its design, production and concept. The family house continues to represent a popular and powerful medium for architecture. In fact we could go as far as to say that the 21st century has brought with it great changes as regards the nuclear family's living accommodation. Taking the house as some form of experiment and its design a mechanism for evolution is and has always been one of the favourite topics as regards modern architecture. The avant-garde optimism at the start of this century and its ensuing determination to change the world, the best culture medium for which was to be found in the domestic dwelling, has now become a form of scepticism in the changing face of the future.

In reality, past designs are rehashed and improvements made as regards construction techniques, professional workmanship and materials but when it comes to abandoning this nostalgia to produce experimental dwellings, usually the fruit of an exposition or competition, the result is one of utopia, filled with a formal longing to create an impression. The question is a matter of knowing whether the house can continue to be a laboratory for architecture or whether we accept that, since 1945, we merely live a repetition of previously instilled forms of expression.

To explore the truth behind this question is one of the objectives behind this present volume, the pages of which are filled with the work of internationally renowned architects in the housing sphere with their very recent proposals in which, alongside the obligatory geographical and cultural diversity, there exists a common search for effective and singular formulas for the new domestic environment.

La residencia familiar sigue planteando, en el inicio del nuevo milenio, interrogantes de proyecto, de producción y de concepto. Sigue siendo un receptáculo intenso y poderosamente atractivo para el ejercicio de la arquitectura. De hecho podríamos aventurarnos a decir que el siglo XXI ha sido el siglo de las grandes transformaciones en la célula familiar de habitación.

La casa como experimento y su proyecto como mecanismo de evolución es y ha sido uno de los temas favoritos de la arquitectura moderna. El optimismo de la vanguardia de este principio de siglo y la convicción de cambiar el mundo, cuyo mejor caldo de cultivo se contiene en el habitáculo doméstico, se ha convertido hoy en cierto escepticismo ante el futuro y sus modificaciones. De hecho, se revisan los antiguos modelos, se mejoran los programas con una correcta ejecución y mayor disposición de técnicas y materiales, pero cuando se abandona la nostalgia para producir habitáculos experimentales, normalmente fruto de alguna exposición o concurso, se producen ejercicios de utopía, cargados de efectismo formal.

La cuestión es saber si la casa puede seguir siendo el laboratorio de la arquitectura o si, desde 1945, vivimos una repetición de fórmulas aprendidas. Exhibir la realidad de esta cuestión es parte del objetivo del presente volumen, que reúne en sus páginas el trabajo de algunos de los arquitectos de prestigio internacional en torno a la vivienda, con propuestas muy recientes en las que, junto a la obligada diversidad geográfica y cultural, existe una búsqueda común de fórmulas singulares y eficaces, para el nuevo espacio doméstico.

A residência familiar continua a estabelecer, no início do novo milénio, interrogantes de projecto, de produção e de conceito. Continua a ser um receptáculo intenso e poderosamente atractivo para o exercício da arquitectura. De facto poderíamos aventurar-nos a dizer que o século XXI foi o século das grandes transformações na célula familiar de habitação.

A casa como experimento e o seu projecto como mecanismo de evolução é e foi um dos temas favoritos da arquitectura moderna. O optimismo de vanguarda deste começo de século e a convicção de trocar o mundo, cujo melhor caldo de cultivo guarda-se no habitáculo doméstico, converteu-se hoje numa certa desconfiança perante o futuro e as suas modificações. De facto, revisam-se os antigos modelos, melhoram-se os programas com uma correcta execução e maior disposição de técnicas e materiais, mas quando se abandona a nostalgia para produzir habitáculos como experimento, normalmente fruto de alguma exposição ou concurso, produzem-se exercícios de utopia, carregados de efectismo formal.

A questão é saber se a casa pode continuar a ser o laboratório da arquitectura ou se, desde 1945, vivemos uma repetição de fórmulas aprendidas. Exibir a realidade desta questão é parte do objectivo do presente volume, que reúne nas suas páginas o trabalho de alguns dos arquitectos de prestígio internacional em torno à vivenda, com propostas muito recentes nas que, junto à obrigada diversidade geográfica e cultural, existe uma procura comum de fórmulas singulares e eficazes, para o novo espaço doméstico.

Villa Room

Architectenbureau Paul de Ruiter
Rhenen, Netherlands
Photo: Rob't Hart

This house, built for an artist, includes a painter's studio. The main requirements were to make maximum use of the splendid views, to maximise natural light entering the building and to adapt as far as possible to the climatic conditions in order to economise energy expenditure. This project revolves around a central atrium and a double-height entrance hall which provide the main light source for the entire house. The hall can be used occasionally for events such as art exhibitions or piano concerts. Large windows help unite the interior with the exterior, and can be partially or completely screened with electrically controlled louvres. Highly resistant, cool materials were selected for the exterior, such as black brickwork, galvanised steel and glass, to contrast with the warmth provided by wooden features, terracotta hues on terrace floors, and the interiors. High-tech systems are also present, from solar panels on the roof producing supplementary electrical power, to computers controlling central heating, electricity and ventilation systems.

Esta casa, diseñada para una artista y que también alberga un taller de trabajo, debía sacar el mayor partido a las espléndidas vistas, aprovechar al máximo la luz natural y adaptarse a las diversas condiciones meteorológicas para ahorrar energía. El proyecto se organiza en torno a un atrio y un recibidor interior de doble altura, que son la principal fuente de iluminación para las demás estancias de la vivienda. El recibidor se utiliza ocasionalmente para pequeños eventos, como exposiciones de arte o conciertos de piano. Las ventanas de gran formato, que contribuyen a integrar el interior con el exterior, pueden cubrirse parcial o totalmente con pantallas de aluminio controladas electrónicamente. Para el exterior se escogieron materiales resistentes y fríos, como el ladrillo negro, el acero galvanizado o el vidrio, que contrastan con la calidez de la madera y los tonos tierra de las terrazas y del interior de la vivienda. El proyecto incorpora sistemas de alta tecnología: las celdas solares integradas en la cubierta contribuyen a la producción de energía eléctrica; la calefacción, la electricidad y la ventilación se controlan por ordenador.

Esta casa, projectada para uma artista e que também alberga uma oficina de trabalho, devia tirar melhor proveito das espectaculares vistas, aproveitar ao máximo a luz natural e adaptar-se às diversas condições meteorológicas para economizar energia. O projecto organiza-se ao redor dum átrio e um vestíbulo interior de dupla altura, que são a principal fonte de iluminação para as demais habitações da casa. O vestíbulo utiliza-se ocasionalmente para pequenos eventos, como exposições de arte ou concertos de piano. As janelas de grande tamanho, contribuem a integrar o interior com o exterior, e podem cobrir-se parcial ou completamente com cortinas de alumínio controladas electronicamente. Para o exterior escolheram-se materiais resistentes e frios, como o tijolo preto, o aço galvanizado ou o vidro, que contrastam o acolhedor da madeira e os tons terra dos terraços com o interior da casa. O projecto incorpora sistemas de alta tecnologia: os tectos solares integrados na cobertura contribuem à produção de energia eléctrica; o aquecimento, a electricidade e a ventilação controlam-se por computador.

11 Villa Room

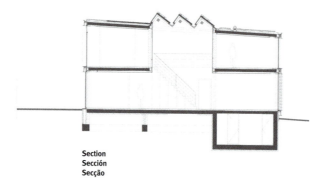

Section
Sección
Secção

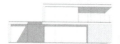

South elevation
Alzado sur
Alçado sul

West elevation
Alzado oeste
Alçado oeste

North elevation
Alzado norte
Alçado norte

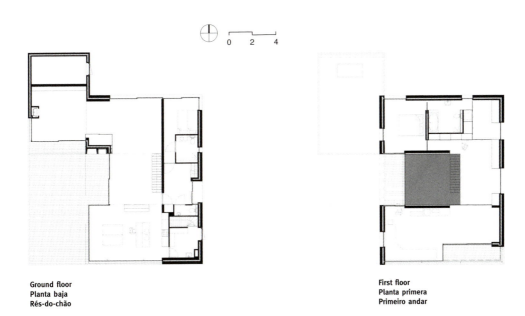

Ground floor
Planta baja
Rés-do-chão

First floor
Planta primera
Primeiro andar

15 Villa Room

Skrudas House

Studio Granda
Gardabaer, Iceland
Photo: Sigurgeir Sigurjónsson

This fully detached house is built on the fringe of a new housing estate, with magnificent views over the Atlantic Ocean despite its location within the city. This ambiguous 'country-city' setting also reflects on the spatial solutions adopted, and the formal language used throughout the house. The exterior copper-clad walling is punctured with minute windows onto the city, whilst the side overlooking a private garden is sub-divided into a terraced scheme accessed through grandiose sliding glass doors. The more private areas, such as bedrooms and service areas, are on the ground floor leaving the first floor, with its fine panoramic views, free for living spaces, a dining area and the kitchen. The sobriety outside is complemented by the simplicity of the interior, where white surfaces contrast with the rich walnut flooring and the limestone and stainless steel in the bathrooms and kitchen.

CASA SKRUDAS

Esta casa unifamiliar está situada en el borde de una nueva urbanización; por lo tanto, a pesar de encontrarse dentro de una ciudad, cuenta con magníficas vistas del paisaje natural circundante y del océano Atlántico. Esta dualidad ciudad-campo se refleja en la manera de resolver la volumetría y en el lenguaje formal de la casa. Los muros exteriores, revestidos con láminas de cobre, tienen aberturas mínimas en las fachadas que miran a la ciudad, mientras que, en la parte que da al jardín privado, el volumen está subdividido en una serie de terrazas a las que se accede mediante grandes puertas correderas de cristal. Las estancias más privadas, como las habitaciones y las zonas de servicio, están ubicadas en la planta baja, para poder destinar la primera planta, con sus magníficas panorámicas, a la zona social, al comedor y a la cocina. La sobriedad del exterior continúa en el interior, donde el predominio del blanco contrasta con la madera de nogal de los suelos o la piedra caliza y el acero inoxidable de los baños y la cocina.

CASA SKRUDAS

Esta casa unifamiliar está localizada à beira duma nova urbanização; no entanto, mesmo ao encontrar-se dentro duma cidade, conta com magníficas vistas da paisagem natural ao redor, e do oceano Atlântico. Esta duplicidade cidade-campo reflecte-se na forma de resolver as divisões e na estrutura final da casa. Os muros exteriores, cobertos com lâminas de cobre, possuem pequenas aberturas na fachada que se dirigem à cidade, sendo que, na parte que dá ao jardim privado, a divisão está subdividida numa série de terraços aos que se pode aceder por meio de grandes portas corrediças de vidro. As divisões mais privadas, como os quartos e os serviços, estão localizadas no rés-do-chão, para poder dedicar o primeiro andar, com as suas espectaculares panorâmicas, às zonas comuns, à sala de jantar e à cozinha. A sobriedade do exterior segue no interior, onde predomina o branco que contrasta com a madeira de nogueira do chão ou a pedra calcária e o aço inoxidável das casas de banho e da cozinha.

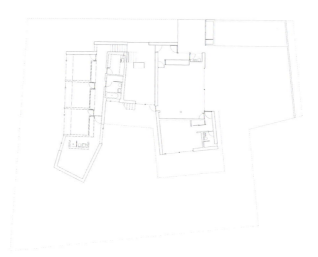

Ground floor
Planta baja
Rés-do-chão

18 Skrudas House

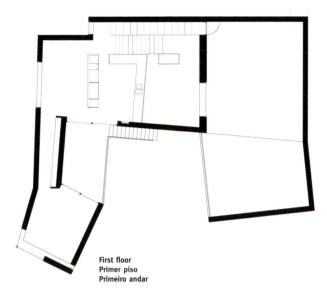

First floor
Primer piso
Primeiro andar

19 Skrudas House

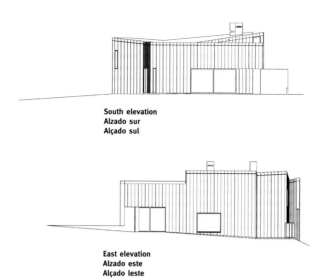

South elevation
Alzado sur
Alçado sul

East elevation
Alzado este
Alçado leste

24 Skrudas House

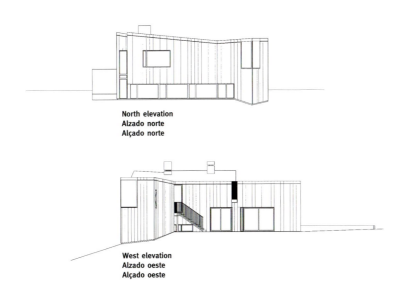

North elevation
Alzado norte
Alçado norte

West elevation
Alzado oeste
Alçado oeste

Bach Residence

Petersen & Verwers Architecture
Sea Ranch, CA, United States
Photo: Marion Brenner

This house on a hillside pinewood facing the Pacific Ocean was designed for a Danish couple established in California. Views over the ocean are employed to full advantage without foregoing privacy, and an interplay is set up with the treetops towering above the building. Inside a large area under a pitched roof –falling towards an outdoor terrace– rooms are laid out at differing floor levels. The shape of the different volumes and the cladding materials employed are reminiscent of local traditional architecture in the surrounding communities. The facade cladding is of cedar boarding, with copper fixtures and aluminium windows. In contrast, the modern interior shows extreme moderation, with wooden floors and ceilings standing out against white walls. Carefully selected furniture accentuates the play of light and areas of colour, giving away the owners' fine Nordic taste.

RESIDENCIA BACH

Esta casa, diseñada para una pareja de daneses instalados en California, está situada en un bosque de pinos, en la ladera de una colina frente al océano Pacífico. El diseño aprovecha las vistas al océano sin descuidar la privacidad y mantiene una íntima relación con las copas de los árboles, que se alzan por encima de la construcción. En el interior, un gran espacio techado por una cubierta inclinada –volcada hacia la terraza exterior– define las estancias con diferentes niveles. La forma de los volúmenes, así como los materiales utilizados para su revestimiento, hace referencia a la arquitectura típica de los asentamientos vecinos. Para la fachada se utilizaron tablillas de madera de cedro, apliques de cobre y ventanas de aluminio. Por el contrario, el interior se muestra sobrio y moderno; en los suelos y en los techos destaca el uso de la madera, que contrasta con el blanco de la paredes. El mobiliario, cuidadosamente seleccionado, acentúa los juegos de luz y color del espacio y denota la sensibilidad nórdica de sus propietarios.

RESIDÊNCIA BACH

Esta casa, projectada para um casal de dinamarqueses instalados na Califórnia, está localizada num pinheiral, na ladeira duma colina frente ao oceano Pacífico. O design aproveita as vistas ao oceano tendo muito cuidado com a privacidade, possuindo uma íntima relação com as copas das árvores, que se erguem por cima da construção. No interior, um grande espaço protegido por uma cobertura inclinada -virada ao terraço exterior- define os quartos com diferentes níveis. A forma dos volumes, assim como os materiais utilizados para o seu revestimento, faz referência à arquitectura típica dos assentamentos vizinhos. Para a fachada utilizaram-se fasquias de madeira de cedro, apliques de cobre e janelas de alumínio. No entanto, o interior mostra-se sóbrio e moderno; no chão e nos tectos destaca-se o uso da madeira, que faz contraste com o branco das paredes. O mobiliário, cuidadosamente seleccionado, destaca o jogo de luz e cor do espaço e demonstra a sensibilidade nórdica dos seus proprietários.

33 Bach Residence

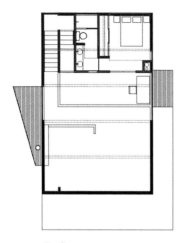

First floor
Planta primera
Primeiro andar

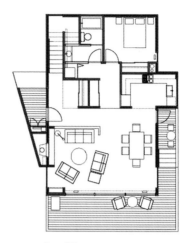

Ground floor
Planta baja
Rés-do-chão

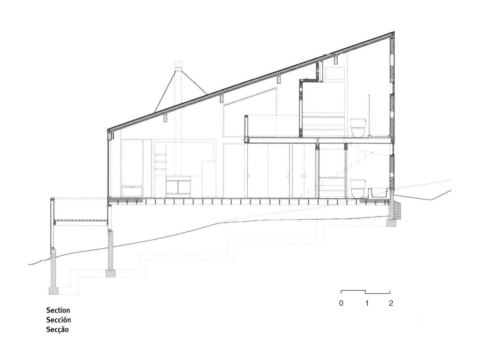

Section
Sección
Secção

0 1 2

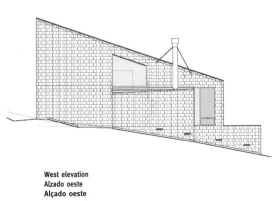

West elevation
Alzado oeste
Alçado oeste

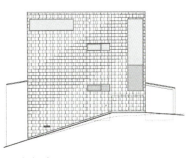

North elevation
Alzado norte
Alçado norte

AKM Apartment

Jackson Clements Burrows
Richmond, Australia
Photo: Trevor Mein

The AKM building is one of the most emblematic within the former industrial complex at the foot of Richmond Hill. In the course of recent renovation work, a new lease of life has been given to the old textiles warehouses in this quarter, with their open brickwork facades and very large metal windows. In renovating this top-floor apartment, several points were to the architect's advantage: the extra height of the metal roof structure made it possible to make greater use of interior space, and it was possible to add several terraces from which to enjoy panoramic views over the city. The project is arranged on two levels containing the public areas and the private sector of the apartment. Interior partitions, the austerity of the clearcut lines in the kitchen and the singular design of the staircase contrast with the rustic look of the remaining original features of the building. Highly polished wooden floors set off the white walls giving further depth of space.

APARTAMENTO AKM

El edificio AKM es uno de los más emblemáticos de entre los que componen la antigua área industrial que se extiende a los pies de la colina Richmond. Una reciente rehabilitación ha dado nueva vida a esta zona que antiguamente estaba destinada a almacenes textiles y que se caracteriza por edificios de ladrillo visto con grandes ventanales de metal. La reforma de este apartamento, ubicado en la última planta del edificio, ofrecía varias ventajas: la gran altura de la estructura metálica de la cubierta permitía aprovechar mejor los espacios interiores y era posible crear una serie de terrazas para disfrutar de las vistas panorámicas a la ciudad. El proyecto se organiza en dos niveles, que acogen respectivamente la zona pública y la zona privada de la vivienda. Las separaciones interiores, la geometría limpia y austera de la cocina y el diseño de la escalera contrastan con el aspecto rústico de los elementos originales del edificio, que se han conservado. El suelo de madera pulida y brillante que destaca sobre el blanco de los revestimientos otorga profundidad al espacio.

APARTAMENTO AKM

O prédio AKM é um dos mas emblemáticos entre os que compõem a antiga área industrial que se estende aos pés da ladeira Richmond. Uma recente reforma deu nova vida a esta zona que antigamente estava dirigida a armazéns têxteis e que se caracteriza pelos prédios de tijolo à vista com grandes janelas metálicas. A reforma deste apartamento, localizado no último andar do prédio, oferecia várias vantagens: a grande altura da estrutura metálica da cobertura permitia aproveitar melhor os espaços interiores e era possível criar uma série de terraços para desfrutar das vistas panorâmicas da cidade. O projecto organiza-se em dois níveis, que acolhem respectivamente as zonas comuns e a zona privada da casa. As divisões interiores, a geometria limpa e austera da cozinha e o design da escada contrastam com o aspecto rústico dos elementos originais do prédio, que foi conservado. O chão de madeira polida e brilhante que destaca sobre o branco dos revestimentos outorga profundidade ao espaço.

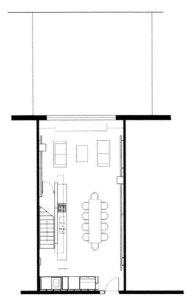

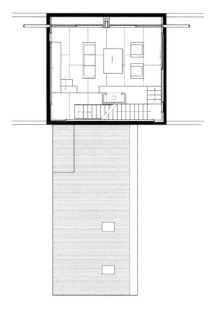

Ground floor / Planta baja / Rés-do-chão

First floor / Planta primera / Primeiro andar

Second floor / Planta segunda / Segundo andar

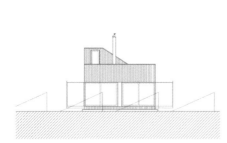

West elevation / Alzado oeste / Alçado oeste

South elevation / Alzado sur / Alçado sul

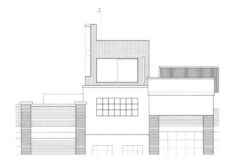
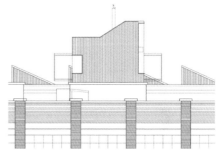

North elevation / Alzado norte / Alçado norte

East elevation / Alzado este / Alçado leste

Strand Dwelling

Satellite Design Workshop
London, United Kingdom
Photo: Thomas Haywood

The top two floors of this building in the heart of London were converted into an open-plan home with the maximum degree of flexibility and making use of all the natural light entering through the roof. Open-plan schemes are by no means a solution commonly adopted for conventional semi-detached homes in this city, chiefly due to fire prevention by- laws that require bedrooms to be separated by fire-resistant partitions. The architect's strategy in this case was to install a series of sliding insulation panels, thus integrating the different areas whilst allowing them to be easily compartmented to create areas of privacy. In the event of fire, the panels close automatically. The owner, a collector of modern furniture, wished to have a modern residence with an industrial dimension where he could showcase his collection. A limited palette of materials was selected, therefore, consisting mainly of tinted oak flooring, a concrete shell for the kitchen and a rusted-metal effect for the stairs and rafters.

ÁTICO STRAND

Las dos últimas plantas de un edificio del centro de Londres fueron convertidas en una vivienda de planta abierta que permite una gran flexibilidad y aprovecha al máximo la luz natural que proviene de la cubierta del edificio. La planta abierta no es una tipología común en las clásicas casas adosadas londinenses, debido principalmente a la normativa antiincendios, que obliga a dividir los dormitorios con cerramientos ignífugos. La estrategia de los arquitectos fue la de crear una serie de paneles correderos aislantes, que integran las diferentes estancias de la vivienda al tiempo que permiten separar cada espacio y garantizar la privacidad; en caso de incendio se cierran automáticamente. El cliente, un coleccionista de mobiliario moderno, deseaba un entorno actual e industrial que le permitiera lucir sus piezas. Por esto se utilizó una limitada paleta de materiales entre los cuales destacan el roble teñido de los suelos, el hormigón de la cocina y el metal oxidado de la escalera y de las vigas.

COBERTURA STRAND

Os dois últimos andares dum prédio do centro de Londres foram modificados numa casa de plano aberto que permite uma grande flexibilidade e aproveita ao máximo a luz natural que provém da cobertura do prédio. O plano aberto não é uma característica comum nas clássicas casas gémeas londrinas, devido principalmente às leis contra incêndios, que obrigam a dividir os quartos com isolamentos ignífugos. A estratégia dos arquitectos foi a de criar uma série de painéis corrediços isolantes, que integram as diferentes divisões da casa ao mesmo tempo em que permitem separar cada espaço e garantir a privacidade; em caso de incêndio fecham-se automaticamente. O cliente, um coleccionador de mobiliário moderno, desejava um entorno actual e industrial que lhe permitisse mostrar as suas peças. Por isso utilizou-se uma limitada paleta de materiais entre os quais destacam o carvalho tingido do chão, o betão da cozinha e o material enferrujado da escada e das vigas.

47 Strand Dwelling

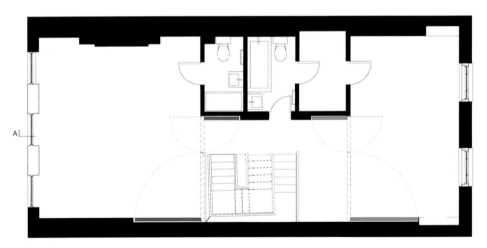

Ground floor
Planta baja
Rés-do-chão

48 Strand Dwelling

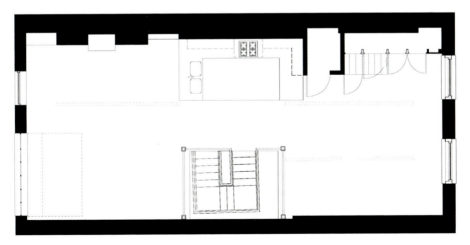

First floor
Planta primera
Primeiro andar

Notting Hill Penthouse

David Connor, Kate Darby
London, United Kingdom
Photo: David Connor, Kate Darby

The project consisted of renovating the top two floors of a typical terraced house in West London that had fallen into a serious state of disrepair. The chief objective was to make full use of the natural light entering through the roof, since the narrow, rectangular plan with windows at either end was ill-lit. The top floor, originally intended for domestic servants, was refurbished and turned into the most important space in the house. A large skylight was fitted on the roof which, when open, practically transforms this space into a terrace with wonderful views across the city. To make sure light from this overhead source would reach the darker areas in the house, light wells were built into the flooring slab between the two storeys. In the event of rain, automatic sensors cause the skylight in the roof to close.

ÁTICO EN NOTTING HILL

El proyecto consistía en la rehabilitación de las últimas dos plantas de un típico edificio adosado del oeste de Londres, que se encontraban en un estado de gran deterioro. El principal objetivo era aprovechar al máximo la luz natural que entraba por la cubierta, ya que la planta, rectangular y alargada y con ventanas en los extremos, estaba mal iluminada. La planta superior, originariamente destinada al servicio doméstico, fue acondicionada y convertida en el espacio más importante de la vivienda. Para ello, se abrió un gran tragaluz en el techo que, además de transmitir una sensación de amplitud, puede abrirse completamente para transformar la zona de estar en una terraza que goza de espléndidas vistas a la ciudad. Para que las zonas más oscuras de la vivienda recibiesen luz natural, se instalaron unos lucernarios en el forjado que divide las dos plantas. En caso de lluvia, un sensor permite que se cierre automáticamente el tragaluz del techo.

COBERTURA EM NOTTING HILL

O projecto consistia na reabilitação dos dois últimos andares dum característico prédio gémeo do oeste de Londres, que se encontravam num grande estado de deterioração. O principal objectivo era aproveitar ao máximo a luz natural que entrava pela cobertura, pois o andar, rectangular e alongado, e com janelas nas extremidades, estava mal iluminada. O andar de cima, originalmente destinado ao serviço, foi acondicionado e transformado no espaço mais importante da casa. Para isso, abriu-se uma grande clarabóia no tecto que, além de transmitir uma sensação de amplitude, pode-se abrir completamente para transformar a sala de estar num terraço que possui umas espectaculares vistas da cidade. Para que as zonas mais escuras da casa recebessem luz natural, foram instaladas clarabóias no forjado que divide os dois andares. Em caso de chuva, um sensor permite que se fechem automaticamente as clarabóias.

53 Notting Hill Penthouse

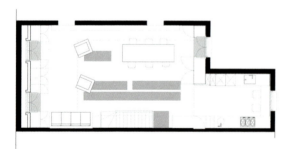

Ground floor
Planta baja
Rés-do-chão

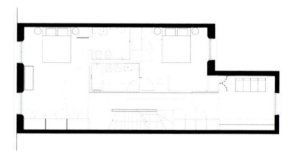

First floor
Planta primera
Primeiro andar

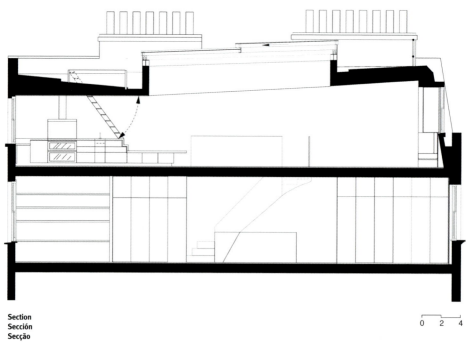

Section
Sección
Secção

57 Notting Hill Penthouse

Jalan Ampang House

Guz Wilkinson / Guz Architects
Singapore
Photo: Kelly Woo

Wings with small openings were designed to provide shade to this house and allow light to penetrate while protecting it from the tropical heat. The house is entirely made of glass, so it was necessary to employ a large overhang to avoid the direct sunshine. Likewise, to make the high temperatures somewhat more tolerable, the house was roped in exuberant plants such as bamboo and trees were planted to offer cool and shade, like those in the center courtyard and the back of the house. If inside strategies were sought to alleviate the heat, the deck above required the maximum exposure to the sun; the presence of the pool makes this space a leisure spot, rounded out by the wooden platform acting as a solarium offering magnificent views of the city. The decking on the stairs leading to this terrace has been used for another terrace with a setting for plants with the idea to provide in the future another paradise, this time for shade.
As in the wings protecting the house from the sun, the architects have been able to take other liberties, such as the hallway having a two-level glass wall, or on the ground floor where the daily activities take place. The first level has three bedrooms separated by the stairs and the lone hallway. The kitchen leads out to the back area of the ground floor and the back patio can be used for open-air dining throughout the year.

CASA JALAN AMPANG

Se diseñaron aleros con pequeñas aberturas para proporcionar sombra a la casa, que permiten que penetre la luz y protegen, a la vez, del calor tropical. La vivienda es enteramente de cristal, por lo tanto, fue necesario emplear una gran sombrilla para evitar la luz directa. Asimismo, para que las altas temperaturas fueran más tolerables, se rodeó la casa de plantas exuberantes como el bambú, y se plantaron árboles que ofrecen frescor y sombra, como los del patio central y la parte trasera de la casa. Si en el interior se buscaron estrategias para alejar el calor, en la cubierta se quiso la máxima exposición al sol; la presencia de una piscina convierte este espacio en un área de ocio, que se completa con una plataforma de madera a modo de solárium y que brinda magníficas vistas a la ciudad. La cubierta de la escalera que conduce a esta terraza ha sido utilizada para ubicar otra terraza con una base para plantas con la idea de proporcionar, en el futuro, otro paraíso de sombra.
Como los aleros protegen la casa del sol, los arquitectos han podido tomarse algunas libertades, como en el pasillo, que tiene una pared de cristal de doble altura, o en la planta baja, donde se desarrollan las actividades de día. El primer nivel acoge tres dormitorios que están separados por las escaleras y el largo pasillo. La cocina da a la parte posterior de la planta baja, y el patio trasero puede usarse como comedor al aire libre durante todo el año.

CASA JALAN AMPANG

Foram desenhados beirais com pequenas aberturas para proporcionar sombra à casa, que permitem que entre a luz e protegem, ao mesmo tempo, do calor tropical. A casa é completamente de vidro, sendo assim, foi necessário utilizar uma grande sombrinha para evitar a luz directa. Mesmo assim, para que as altas temperaturas fossem mais toleráveis, rodeou-se a casa de plantas exuberantes como o bambu, e plantaram-se árvores que oferecem frescor e sombra, como os do pátio central e a parte traseira da casa. Se no interior procuraram-se estratégias para proteger do calor, na cobertura buscava-se uma máxima exposição ao sol; a presença duma piscina converte este espaço numa área de lazer, que se completa com uma plataforma de madeira como a dum solárium e que nos dá magníficas vistas à cidade. A cobertura da escada que conduz a este terraço foi utilizada para situar outro terraço com uma base para plantas com a ideia de proporcionar, no futuro, outro paraíso de sombra.
Como os beirais protegem a casa do sol, os arquitectos puderam tomar algumas liberdades, como no corredor, que tem uma parede de vidro de dupla altura, ou no rés-do-chão, onde se desenvolvem as actividades de dia. O primeiro andar tem três quartos que estão separados pelas escadas e um longo corredor. A cozinha dá à parte traseira do rés-do-chão, e o pátio traseiro pode usar-se como sala de jantar ao ar livre durante todo o ano.

59 Jalan Ampang House

The deck swimming pool is not only a way that best takes advantage of the space of the solarium, but also is one of the best strategies to impede the hot sun from heating the lower floor, as the water in constant circulation acts as an unbeatable insulating material.

La piscina en la cubierta no es sólo una manera de aprovechar al máximo el espacio del solárium, sino que es además una de las mejores estrategias para impedir que el sol caliente los pisos inferiores, ya que el agua, en constante circulación, actúa como un inmejorable aislante.

A piscina coberta não é só uma forma de aproveitar ao máximo o espaço do solárium, sendo também uma das melhores estratégias para impedir que o sol esquente os andares inferiores, já que a água, em constante circulação, actua como um insuperável isolante.

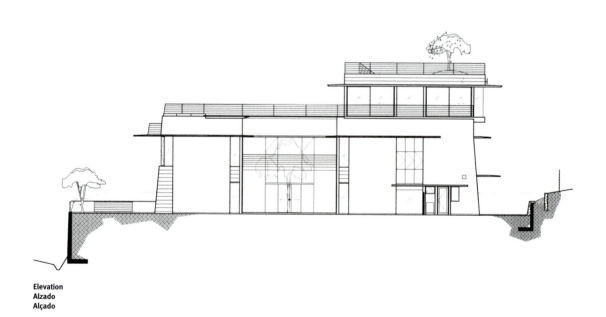

**Elevation
Alzado
Alçado**

63 Jalan Ampang House

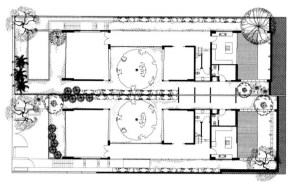

Ground floor
Planta baja
Rés-do-chão

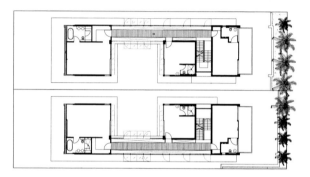

First floor
Planta primera
Primeiro andar

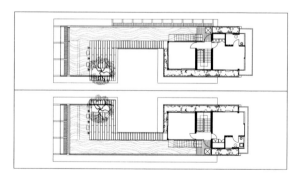

Second floor
Planta segunda
Segundo andar

0   5   10

64 Jalan Ampang House

65 Jalan Ampang House

Via Arriba Residence

Kirkpatrick Associates Architects
Catalina, California, United States
Photo: Weldon Brewster

This house is located on a steeply inclined slope in an idyllic setting with magnificent ocean views. To best take advantage, the back wall of the house has been converted into a grand glass gallery installed with a few terraces to enjoy the seascape.
The house is distributed in two levels; the top floor, where all the surfaces facing the sea have been made from glass, holds the garage and the entrance. This floor also houses the kitchen and the living room with an interior wall delimiting the two areas. No right angles were formed with the windows to produce a visual continuity between the breakfast area and the dining room. The guest room is located in a part of the house which does not enjoy the view, but it has been designed as an independent structure apart from the rest of the rooms to provide greater comfort to the guests. A staircase leads to the lower floor containing the bedrooms, an office, and access to the garden found on a pronounced slope and connected to the rear of the house through some steps crossing an ample terrace. The location of the master bedroom, just past the office on the other side of the house, is designed to maintain its privacy.

RESIDENCIA VIA ARRIBA

Esta casa está situada en una pendiente muy inclinada, dentro de un marco idílico con magníficas vistas al océano. Para aprovecharlas, la pared posterior de la casa se ha convertido en una gran galería de cristal, donde se han abierto terrazas que permiten disfrutar del paisaje.
La vivienda se distribuye en dos niveles: en la planta superior, donde todas las superficies que miran al mar han sido revestidas de cristal, se encuentran el garaje y la entrada de la casa. La planta alberga también la cocina y la sala de estar, cuya pared interior delimita las dos áreas sin formar un ángulo recto con los cristales de la ventana, de forma que se produce una continuidad visual entre el lugar donde se desayuna y el comedor. La habitación de invitados está situada en una parte de la casa que no se beneficia de las vistas, pero ha sido diseñada como una estructura independiente del resto de las habitaciones para un mayor confort de los huéspedes. Una escalera conduce a la planta inferior, que contiene los dormitorios, un despacho y el acceso al jardín, que se encuentra en una cuesta pronunciada, y se comunica con la parte trasera de la casa mediante escalones que cruzan una amplia terraza. La ubicación del dormitorio principal, más allá del despacho, en el otro lado de la casa, está pensada para garantizar la privacidad.

RESIDÊNCIA VIA ARRIBA

Esta casa situa-se numa ladeira bastante inclinada, dentro dum marco idílico com maravilhosas vistas ao oceano. Para aproveitá-las, a parede traseira da casa foi convertida numa grande galeria de vidro, onde se abriram terraços que permitem desfrutar da paisagem.
A casa distribui-se em dois níveis: no andar superior, onde todas as superfícies que olham ao mar foram revestidas de vidro, encontram-se a garagem e a entrada da casa. Esse andar acolhe também a cozinha e a sala, em que a parede interior delimita as duas áreas sem formar um ângulo recto com os vidros da janela, de maneira que se produz uma continuidade visual entre o lugar onde se toma o café da manha e a sala de jantar. O quarto para convidados está situado numa parte da casa que não se beneficia das vistas, mas foi desenhado como uma estrutura independente do resto dos quartos para um maior conforto dos hóspedes. Uma escada conduz ao andar inferior, que contém os quartos, um escritório e o acesso ao jardim, que se encontra numa ladeira bastante acentuada, e comunica-se com a parte traseira da casa por meio de escadas que cruzam um amplo terraço. A localização do quarto principal, mais além do escritório, do outro lado da casa, está pensada para garantir a privacidade.

67 Via Arriba Residence

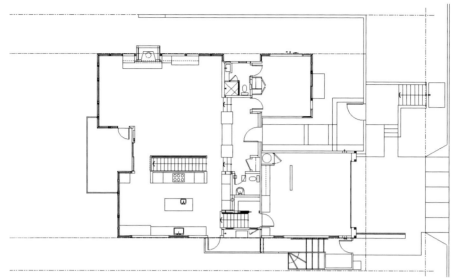

Ground floor
Planta baja
Rés-do-chão

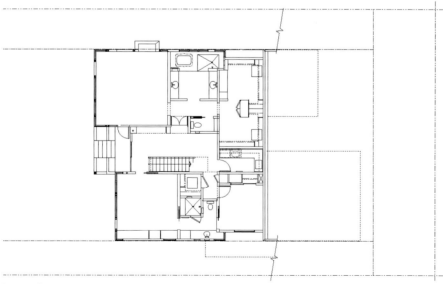

Basement floor
Planta sótano
Sótão

0   2   4

The wall which separates the kitchen from the dining room is also used to mark the access to the staircase leading to the lower floor and garden.

La pared que separa la cocina del comedor sirve también para marcar el acceso a la escalera que lleva a la planta inferior y al jardín.

A parede que separa a cozinha da sala de jantar serve também para marcar o acesso à escada que leva ao andar inferior e ao jardim.

In addition to the large window wall in the back, a series of voids distributed in the upper part of the party wall in the living room ensure the entry of as much light as possible.

Además de la gran ventana en la parte trasera, una sucesión de aberturas se distribuye en la parte superior de la pared medianera de la sala de estar para que entre tanta luz como sea posible.

Além duma grande janela na parte de trás, algumas aberturas em linha, distribuem-se na parte superior da parede do meio da sala para que entre toda a luz possível.

The breakfast table has been placed below the window wall and the entire kitchen enjoys the ocean view. The parquet flooring brings warmth to the space and lends continuity to the rest of the house.

Debajo de la vidriera se ha ubicado la mesa de desayuno y toda la cocina disfruta de vistas al océano. El parqué de madera confiere calidad al espacio y marca una continuidad con el resto de la casa.

Em baixo da cristaleira situou-se a mesa para o café da manhã e toda a cozinha desfruta de vistas ao oceano. O alpendre de madeira confere qualidade ao espaço e dá uma continuidade com o resto da casa.

House in Brookline

Jonathan Levi Architects
Brookline, Massachusetts, United States
Photo: Nick Wheeler Photographics & Jonathan Levi Architects

In rural areas, it is common to find large constructions that extend horizontally; the possibility of making tall buildings in the middle of the forest, however, is a possibility rarely taken into consideration. This house passes the test with more than satisfactory results, both in terms of energy savings and in integrating with its surroundings.
Upon approaching, this six-story building stands out quite obviously, but its discreet colors and stylized proportions, similar to that of the neighboring trees, make it sit quite well in the landscape. The small cavities which define the house soften the forms of the block and lend it an asymmetry which further integrates into its surroundings. Inside, the vertical development is expressed through a series of spaces, each responding to a different logic, as if they were independent worlds on each floor. As one ascends in the building, the view of the forest becomes more and more spectacular and can be seen through various windows of the staircase and from the small balconies on each level.

CASA EN BROOKLINE

En las áreas rurales es común encontrar grandes construcciones que se extienden en sentido horizontal; la posibilidad de construir edificios altos en medio de un bosque, sin embargo, es una posibilidad que raras veces se ha tomado en consideración. Esta vivienda supera la prueba con resultados más que satisfactorios, en términos tanto de ahorro de energía como de integración en el entorno.
Al aproximarse, el edificio de seis pisos destaca de forma llamativa, pero sus colores discretos y las proporciones estilizadas, parecidas a las de los árboles de alrededor, hacen que se complemente bien con el paisaje. Las pequeñas cavidades que definen la casa suavizan las formas del bloque y le confieren una asimetría que lo integra aún más en el entorno. En el interior, el desarrollo vertical se expresa a través de una serie de espacios, cada uno de los cuales responde a una lógica distinta, como si se tratase de mundos independientes en cada planta. A medida que se asciende en el edificio, la vista del bosque se hace más espectacular y se observa a través de las distintas ventanas de la escalera y desde los pequeños balcones de cada nivel.

CASA EM BROOKLINE

Nas áreas rurais é comum encontrar grandes construções que se estendem em sentido horizontal; a possibilidade de construir prédios altos em meio dum bosque, no entanto, é uma possibilidade que em contados momentos se tomou em consideração. Esta casa supera a prova com resultados bastante satisfatórios, em termos tanto de economia energética como da integração no seu entorno.
Ao aproximar-se, o prédio de seis andares destaca de forma chamativa, mas as suas cores discretas e as proporções estilizadas, parecidas às das árvores ao redor, fazem que se complemente bem com a paisagem. As pequenas cavidades que definem a casa suavizam as formas do prédio e conferem-lhe uma assimetria que o integra mais ainda no entorno. No interior, o desenvolvimento vertical expressa-se através duma série de espaços, cada um dos quais responde a uma lógica diferente, como se tratasse de mundos independentes em cada andar. Conforme vai-se ascendendo no prédio, a vista do bosque faz-se mais espectacular e observa-se através das diferentes janelas da escada e desde os pequenos balcões de cada nível.

The design of the furnishings contributes to the spatial organization and adds a warm touch to the different atmospheres.

El diseño del mobiliario contribuye a la organización del espacio y añade cálidos toques a los ambientes.

O design do mobiliário contribui à organização do espaço e dá um toque acolhedor ao ambiente.

79 House in Brookline

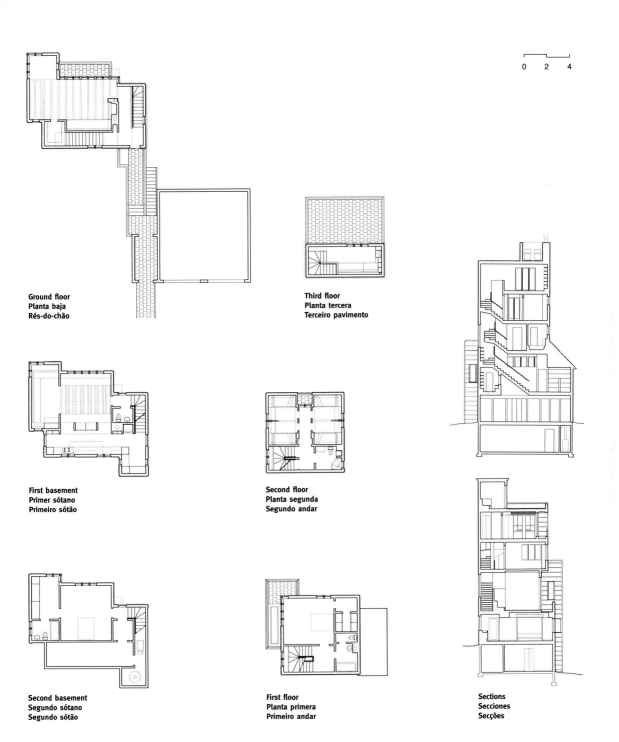

81 House in Brookline

Bassil Residence

Kamal Homsi / Archika

Faqra, Lebanon
Photo: Geraldine Bruneel & Oussama Ayoub

This house, built as a second home, is based on the idea of leisure and relaxation. Both architect and landscaper had to therefore keep in mind the need to create areas which were appropriate for holding small groups of people and thus satisfy the client's desire to throw parties and get-togethers in his house.

The project superimposed two cubes of different materials placed at 45° from each other, giving the house personality and a well-defined profile. A glass prism appears to float in the inside of a large stone cube transmitting the sensation of levity that the architect wished to communicate. The lightness of the interior is reflected in a large glass box with two levels offering a spectacular view. The ground floor houses the dining area and terrace, and the second floor, the living room and master bedroom. In the entrance hall, a wide double-tall window confronts guests with the landscape and horizon right upon entering the house; this configuration also allows light to flood all the rooms, particularly the magnificently set living room. The tinted glass in the window reduces the intense solar radiation and protects the interior from high temperatures and imprudent glances. The garden, designed by Vladimir Djurvic, is intended to produce various points of encounter in a play on perspective that highlights the sense of space and makes the most of the landscape.

RESIDENCIA BASSIL

Esta casa, construida como segunda residencia, se basa en las ideas de ocio y relajación, de modo que tanto el arquitecto como el paisajista tuvieron en cuenta la necesidad de crear superficies adecuadas para reuniones de pequeños grupos de personas, que satisfacieran el deseo del cliente de organizar fiestas y encuentros en su casa.

En el proyecto se superponen dos cubos de materiales distintos dispuestos según un ángulo de 45°, que proporcionan a la casa personalidad y un perfil nítido. Un prisma de cristal parece flotar en el interior de un gran cubo de piedra y transmite la sensación de levedad que el arquitecto quería comunicar. La liviandad del interior se refleja en una gran caja de cristal de dos niveles que ofrece espectaculares vistas. La planta baja alberga el comedor y una terraza, y la segunda, una sala de estar y el dormitorio principal. En el recibidor, una amplia ventana de doble altura enfrenta a los huéspedes que entran en la casa con el paisaje y el horizonte; esta configuración permite también que la luz inunde todas las habitaciones, especialmente la sala de estar, que ocupa un lugar privilegiado. Los cristales teñidos de las ventanas reducen la intensa radiación solar de la zona y protegen el interior de las altas temperaturas y de las miradas indiscretas. El jardín, diseñado por Vladimir Djurvic, está pensado para generar diversos puntos de encuentro, en un juego de perspectivas que realza la sensación de amplitud y saca el mayor provecho del paisaje.

RESIDÊNCIA BASSIL

Esta casa, construída como segunda residência, baseia-se nas ideias de lazer e relaxação, de maneira que tanto o arquitecto como o paisagista tiveram em conta a necessidade de criar superfícies adequadas para reuniões de pequenos grupos de pessoas, que satisfizeram o desejo do cliente de organizar festas e encontros na sua casa.

No projecto sobrepõem-se dois cubos de materiais diferentes dispostos segundo um ângulo de 45°, que proporcionam à casa personalidade e um perfil nítido. Um prisma de vidro parece flutuar no interior dum grande cubo de pedra e transmite a sensação de leveza que o arquitecto queria comunicar. A leveza do interior reflecte-se numa grande caixa de vidro de dois níveis que oferece umas espectaculares vistas. O rés-do-chão acolhe a sala de jantar e um terraço, e o segundo, uma sala e o quarto principal. No hall de entrada, uma ampla janela de dupla altura enfrenta aos hóspedes que entram na casa com a paisagem e o horizonte; esta configuração permite também que a luz inunde todos os quartos, especialmente a sala, que ocupa um lugar privilegiado. Os vidros pintados das janelas reduzem a intensa radiação solar da zona e protegem o interior das altas temperaturas e dos olhares indiscretos. O jardim, desenhado por Vladimir Djurvic, está pensado para gerar diversos pontos de encontro, num jogo de perspectivas que realça a sensação de amplitude e tira o maior proveito da paisagem.

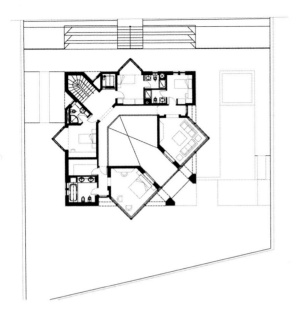

First floor
Planta primera
Primeiro andar

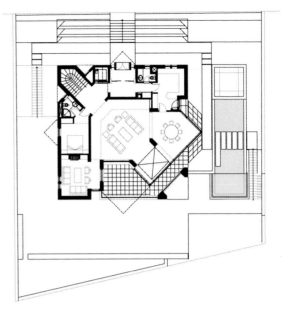

Ground floor
Planta baja
Rés-do-chão

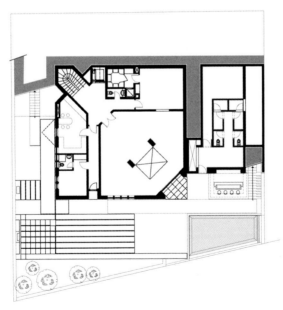

Basement floor
Planta sótano
Sótão

85 Bassil Residence

87 Bassil Residence

Section
Sección
Secção

Sistek House

Felipe Assadi
Santiago, Chile
Photo: Guy Wenborne

This house was constructed near a residential housing estate that was built in the Chilean colonial style using clay roofs, whitewashed façades and pastel colors. This model has been disseminated by following certain fashions which have given rise to other derived styles, but none represent any true architectural advance. The Sistek House sought a break from this style, from its monotony and repetition, and find a way to adapt to the hill where it is located.
The irregularity of the terrain is accentuated by the dimensions of the property which occupies a site double the normal size of the parcels in the area. The solution proposed was an arrangement in a three-tiered terrace: the bottom, also the largest, encompassing the garden and pool; the next level the daily living areas and the last level, the bedrooms. The design attempted to take the maximum benefit of sunlight through the grand windows in the façades, as the house is largely situated in the hill's shadow; the areas directly exposed to sun are covered in parasols. The main façade of the house is a simple block which unifies the few formal artifices used, although they are more than enough to stand out within such a frame. Materials such as cement, steel, and glass are open to view. To level the garden area, pine planking was used in an attempt to recycle materials and economize construction.

CASA SISTEK

Esta casa fue construida cerca de una urbanización residencial de estilo colonial chileno, con cubiertas de teja, fachadas blancas y colores pastel. Este modelo se ha difundido siguiendo unas modas que han dado lugar a estilos derivados, pero que no representan ningún avance arquitectónico real. La casa Sistek buscaba romper con este estilo, con su monotonía y repetición, y encontrar una forma de adaptarse a la colina donde se ubica.
La irregularidad del terreno está acentuada por las dimensiones de la propiedad, que ocupa un solar que dobla el tamaño normal de las parcelas de esta zona. La solución que se propuso fue una disposición aterrazada en tres niveles: el inferior –el más grande– alberga el jardín y la piscina; el siguiente, las zonas de día, y el último, los dormitorios. El diseño intenta beneficiarse al máximo de la luz del sol que entra a través de las grandes ventanas de las fachadas, ya que la casa se sitúa en la parte más en sombra de la colina; las zonas directamente expuestas al sol están protegidas por parasoles. La fachada principal de la casa es un bloque sencillo que unifica los pocos artificios formales empleados, aunque son más que suficientes para destacar en este marco. Materiales como el cemento, el acero y el cristal están a la vista. Para nivelar el jardín se utilizó la madera de pino de los tablones, en un intento de reciclar materiales y economizar en la construcción.

CASA SISTEK

Esta casa foi construída perto duma urbanização residencial de estilo colonial chileno, com revestimento de telha, fachadas brancas e cores pastel. Este modelo foi difundido a seguir uma moda que foi dando lugar a estilos diversos, mas que não representam nenhum adianto arquitectónico real. A casa Sistek procurava romper com esse estilo, com a sua monotonia e repetição, e encontrar uma forma de adaptar-se à colina onde se situa.
A irregularidade do terreno está acentuada pelas dimensões da propriedade, que ocupa um solar que duplica o tamanho normal das parcelas desta zona. A solução que se propôs foi uma disposição tipo terraço em três níveis: o inferior -o maior- alberga o jardim e a piscina; o seguinte, as zonas de dia, e o último, os quartos. O design tenta beneficiar-se ao máximo da luz do sol que entra através das grandes janelas das fachadas, já que a casa está situada na parte mais sombreada da colina; as zonas directamente expostas ao sol estão protegidas por sombrinhas. A fachada principal da casa é um bloco simples que junta os poucos artifícios formais utilizados embora são mais que suficientes para destacar neste quadro. Materiais como o cimento, o aço, e o vidro estão à vista. Para nivelar o jardim utilizou-se a madeira de pinheiro das travessas, na tentativa da reciclagem de materiais e economizar na construção.

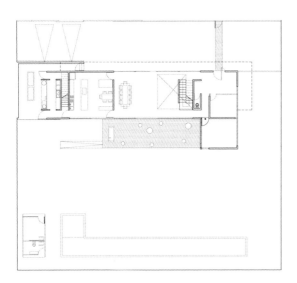

Ground floor
Planta baja
Rés-do-chão

First floor
Planta primera
Primeiro andar

0 5 10

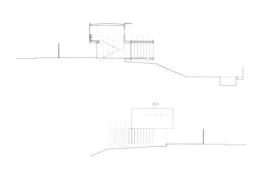

Sections
Secciones
Secções

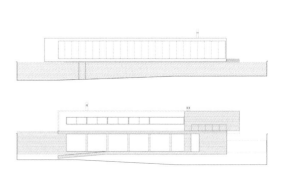

Elevations
Alzados
Alçados

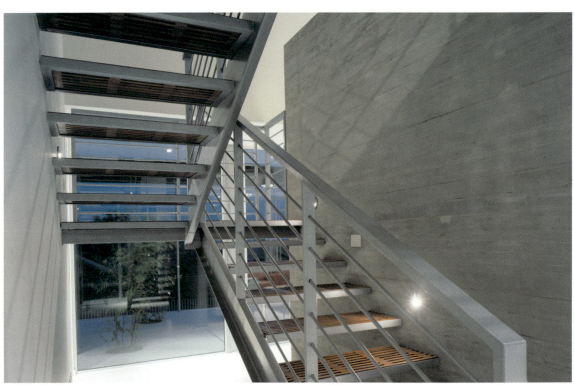

Achio House

Guillermo Garita & Athanasios Haritos
Photo: Frank Schwere
Santa Ana, Costa Rica

This project of a second home for an automobile importer was based on the idea of relating the house with its surroundings, in particular the sky which, thanks to the gentle climate of Costa Rica, stays blue and cloudless nearly throughout the year. A vertical construction was discarded and it was opted to have a house composed of two units which would "hang" directly from the sky. To attain this effect, one block with a white finish had a second block lined with red panels placed on top of it; as the second element is situated upon a neutral base, it appears to float in the air. To the side of the main body and at a greater height, a yellow unit was raised on steel columns to accentuate the lightness of both modules.

The L-shaped ground floor holds three open spaces. Nevertheless, moving panels contained in the modules allow part of the house to be literally opened and the distinction between open and closed spaces be erased. A single space is made with transition between the interior and exteriors, different intensities of light and varied floor textures. The garage is an important element, as its translucent walls reveal the car silhouettes and transmit a sensation of luminosity. A footbridge that begins in the red module stretches to the entrance of the garage and provides a broad view of the cars upon entering.

CASA ACHIO

El proyecto de la segunda residencia de un importador de automóviles se basó en la idea de relacionar la casa con sus alrededores, especialmente con el cielo que, gracias al clima suave de Costa Rica, permanece azul y sin nubes durante casi todo el año. Se decidió evitar una construcción vertical, que habría desentonado con la geografía de la zona, y se optó por una casa compuesta de dos unidades, que "colgarían" directamente del cielo. Para conseguir este efecto, se superpuso a un bloque de acabados blancos, un segundo bloque revestido de paneles rojos; al estar situado sobre una base neutra, el segundo elemento parece flotar en el cielo. Al lado del cuerpo principal y a mayor altura, se levantó sobre columnas de hierro una unidad amarilla que acentúa la ligereza de ambos módulos.

La planta baja, en forma de L, da lugar a tres espacios abiertos. Sin embargo, los paneles móviles que componen los módulos permiten abrir literalmente parte de la casa y borran la distinción entre espacios abiertos y cerrados, dando lugar a un único espacio, con transiciones entre interior y exterior, diferentes intensidades de iluminación y variadas texturas para los suelos. El garaje es un elemento importante, ya que sus paredes translúcidas revelan las siluetas de los coches y transmiten una sensación de luminosidad. Una pasarela que empieza en el módulo rojo alcanza la entrada al garaje y proporciona una amplia visual a los coches que van a entrar.

CASA ACHIO

O projecto da segunda residência dum importador de automóveis baseou-se na ideia de relacionar a casa com os seus arredores, especialmente com o céu que, graças ao clima suave da Costa Rica, permanece azul e sem nuvens durante quase todo o ano. Decidiu-se evitar uma construção vertical, que teria destoado com a geografia da zona, e optou-se por uma casa composta de duas unidades, que se "penduravam" directamente do céu. Para conseguir este efeito, sobrepôs-se a um bloco de acabamentos brancos, um segundo bloco coberto de painéis vermelhos; ao estar situado sobre uma base neutral, o segundo elemento parece flutuar no céu. Ao lado do espaço principal e a maior altura, levantou-se sobre colunas de ferro uma unidade amarela que realça a leveza dos dois módulos.

O rés-do-chão, em forma de L, mostra-nos três espaços abertos. No entanto, os painéis móveis que compõem os módulos permitem abrir literalmente parte da casa e impedem distinguir entre espaços abertos e fechados, a dar lugar a um único espaço, com transições entre interior e exterior, diferentes intensidades de iluminação e diversas texturas para o chão. A garagem é um elemento importante, pois as suas paredes transparentes mostram-nos as silhuetas dos automóveis e transmite, uma sensação de luminosidade. Um passadiço que começa no módulo vermelho alcança a entrada à garagem e nos dá um amplo visual dos automóveis que vão entrar.

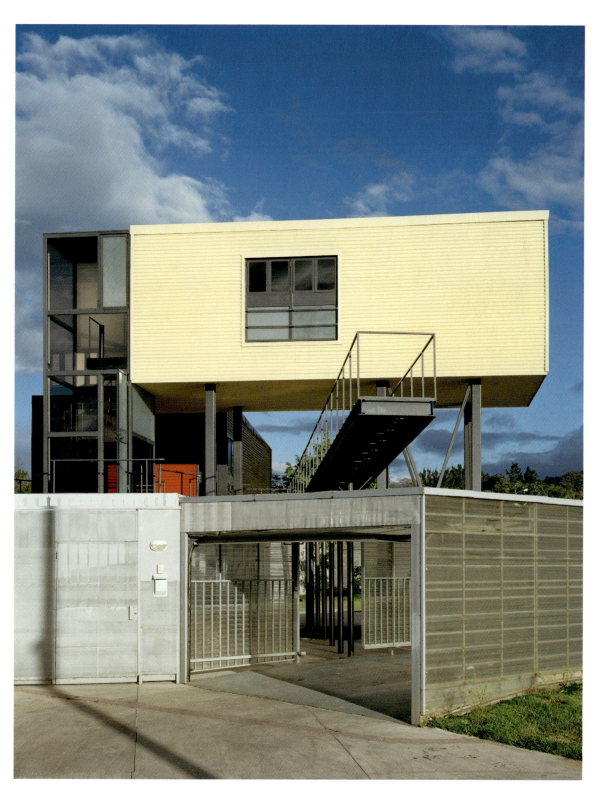

The apparent disorder of the forms hides carefully thought-out dedication, fruit of a design process which began with several conversations between the architects and client over a period of six months.

El desorden aparente de las formas oculta una intervención cuidadosamente razonada, fruto de un proceso de diseño que empezó con unas conversaciones entre los arquitectos y el cliente que duraron seis meses.

A desordem aparente das formas esconde uma intervenção cuidadosamente pensada, fruto dum processo do design que começou com umas conversações entre os arquitectos e o cliente que duraram seis meses.

As the top floor only occupies a third of the surface area of the bottom floor, there is plenty of free space to install wide terraces.

Como la planta superior sólo ocupa un tercio de la superficie de la inferior, queda mucho espacio libre para ubicar amplias terrazas.

Como o andar superior somente ocupa um terço da superfície da inferior, resta-nos bastante espaço livre para situar amplos terraços.

Section
Sección
Secção

Elevation
Alzado
Alzado

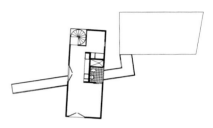

Second floor
Planta segunda
Segundo andar

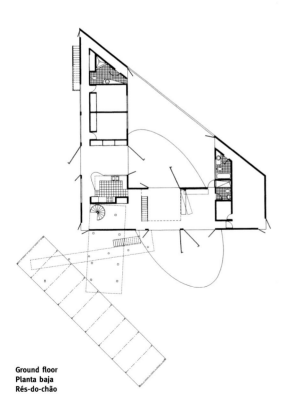

Ground floor
Planta baja
Rés-do-chão

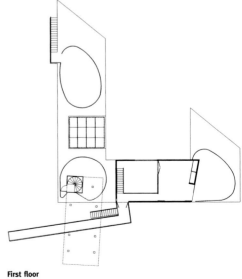

First floor
Planta primera
Primeiro andar

0 4 8

109 Achio House

Sinquefield House

Barton Phelps & Associates
Osage County, Missouri, United States
Photo: Timothy Hursley

This house was built on top of a hill facing a meander in the Osage River in the midst of more the 4000 km2 of cultivated land and natural forests. The project presented the challenge of a meticulous revision and expansion of a preexisting home to create a facility suited for rural area lodging, but with the condition that the natural environment would be respected as much as possible, both during the construction phase and in the end product. For this reason, special attention was paid to saving energy and to take as much advantage possible of using sunlight in winter and enjoying the shade in summer. One of the energy-saving systems used was water cooling and heating. Given that the basement would be a few degrees higher that the outside temperature and slightly lower in summer, water first flows through the basement before entering the heating system.
The structure is U-shaped with one side open to the south and each part having distinct uses; the west wing houses the bedroom, the north side the service areas and entrance, and the east wing the common areas, offering a spectacular view of the forest. This last part of the house has been built over columns to compensate for the terrain irregularities.

CASA SINQUEFIELD

Esta casa fue construida en la cima de una colina orientada a un meandro del río Osage, en medio de más de 4.000 km² de tierra cultivable y bosques naturales. El proyecto presentaba el reto de una minuciosa revisión y ampliación de una vivienda preexistente para crear instalaciones adecuadas al turismo rural, pero con la condición de que el entorno natural se respetase todo lo posible, tanto durante la fase de construcción como en el resultado final. Por esta razón, se prestó especial atención al ahorro de energía y se intentó que fuera posible aprovechar la luz solar en invierno y disfrutar de la sombra en verano. Uno de los sistemas de ahorro de energía que se emplearon fue el de calefacción y refrigeración por agua: puesto que el subsuelo tiene una temperatura unos cuantos grados superior a la del exterior en invierno y ligeramente inferior en verano, se hace pasar el agua por el subsuelo antes de introducirla en el sistema de calefacción.
La estructura de la casa tiene forma de U, con un lado abierto al sur y diferentes usos en cada parte: la sección oeste alberga los dormitorios; en la parte norte se encuentran las áreas de servicio y el acceso a la residencia y en la parte este la zona de actividades comunes, que ofrece extraordinarias vistas al bosque. Esta parte de la casa se ha construido sobre columnas para compensar las irregularidades del terreno.

CASA SINQUEFIELD

Esta casa foi construída na cima duma colina orientada a um meandro do rio Osage, no meio de mais de 4.000 km² de terra produtiva e de bosques naturais. O projecto apresentava o desafio duma detalhada revisão e ampliação duma casa já existente para criar instalações adequadas ao turismo rural, mas com a condição de que o entorno natural fosse respeitado tudo quanto possível, tanto durante a fase de construção como no resultado final. Por esta razão, prestou-se especial atenção à economia de energia e tentou-se que fosse possível aproveitar a luz do sol no inverno e desfrutar da sombra no verão. Um dos sistemas de economia da energia que se utilizou foi o do aquecimento e refrigeração por água: sendo que o subsolo possui uma temperatura alguns graus superior à do exterior no inverno e ligeiramente inferior no verão, faz-se passar a água pelo subsolo antes de a introduzir no sistema de aquecimento.
A estrutura da casa tem forma de U, com um lado aberto ao sul e diferentes usos em cada parte: a secção oeste alberga os quartos; na parte norte encontram-se as áreas de serviço e o acesso à residência e na parte leste a zona de actividades comuns, que oferece extraordinárias vistas ao bosque. Esta parte da casa foi construída sobre colunas para compensar as irregularidades do terreno.

111 Sinquefield House

The central courtyard, located on one side of the house, connects the building to the forest. The living room window enjoys views of the river and the neighboring fields.

El patio central, situado en uno de los lados de la casa, comunica el edificio con el bosque. La ventana de la sala de estar hace posible disfrutar de las vistas del río y de los campos circundantes.

O pátio central, localizado num dos lados da casa, comunica o prédio com o bosque. A janela da sala de estar possibilita desfrutar das vistas do rio e dos campos que o rodeiam.

The interior connections in the house are made via a hallway that crosses the central courtyard. As it is covered in glass, a permanent visual relationship is established between all the areas of the house.

La comunicación en el interior de la vivienda se consigue por medio de un pasillo que cruza el patio central. Al estar cubierto de cristal, establece una relación visual permanente entre todas las áreas de la casa.

A comunicação no interior da casa consegue-se por meio dum corredor que cruza o pátio central. Ao estar coberto de vidro, estabelece uma relação visual permanente entre todas as áreas da casa.

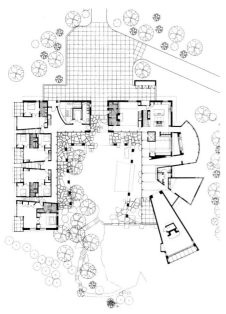

Ground floor
Planta baja
Rés-do-chão

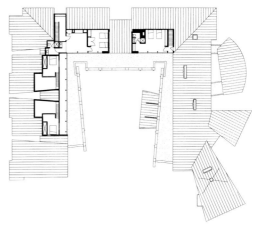

First floor
Planta primera
Primeiro andar

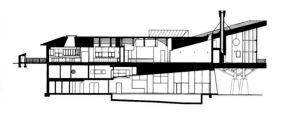

Section
Sección
Secção

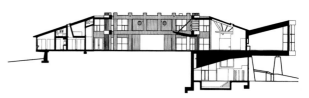

0 5 10

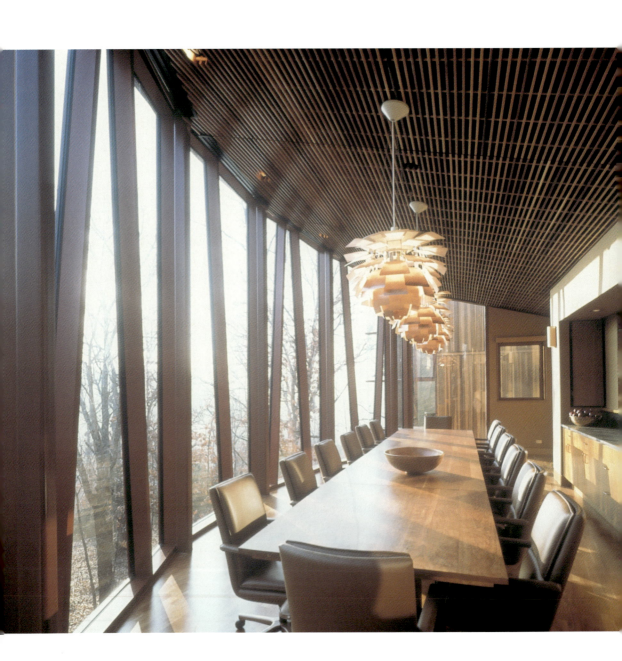

Tamburine House

Richard Dorman
Los Angeles, United States
Photo: Peter Polster

Marked by the topographic conditions of its location, this home, a project of Richard Dorman in 1958, was inspired by contrasts when it came to the application of its stylistic resources and architectural strategy. A subtle interplay of opposites (open-closed, light-shade, light-solid etc.) were used in the interior where a cool and transparent atmosphere is interchanged with a warm and welcoming one by fusing together different materials and textures. The result is an attractive composition in which flat surfaces and volumes interact, creating an evocative edifice, which is seemingly not tainted by the passing of time nor trends.

CASA TAMBURINE

Marcada por las condiciones topográficas del enclave en el que se ubica, esta vivienda proyectada por Richard Dorman en 1958 se inspira en los contrastes a la hora de aplicar los recursos estilísticos y las soluciones arquitectónicas. El sutil juego de oposiciones (abierto-cerrado, luz-sombra, ligereza-solidez...) se encarga de organizar unos interiores dominados por una atmósfera fría y transparente que se torna cálida y acogedora al fusionar diferentes materiales y texturas. El resultado es una atractiva composición en la que planos y volúmenes interaccionan creando una sugerente edificación a la que parece no afectarle el paso del tiempo y las modas.

CASA TAMBURINE

Marcada pelas condições topográficas do enclave em que se situa, esta casa projectada por Richard Dorman em 1958 inspira-se nos contrastes na hora de aplicar os recursos estilísticos e as soluções arquitectónicas. O subtil jogo de oposições (aberto-fechado, luz-sombra, leveza-solidez...) encarrega-se de organizar uns interiores dominados por uma atmosfera fria e transparente que se torna quente e acolhedora ao fundir diferentes materiais e texturas. O resultado é uma atractiva composição na qual planos e volumes interactuam a criar uma sugerente edificação à que não parece afectar o passar do tempo e da moda.

121 Tamburine House

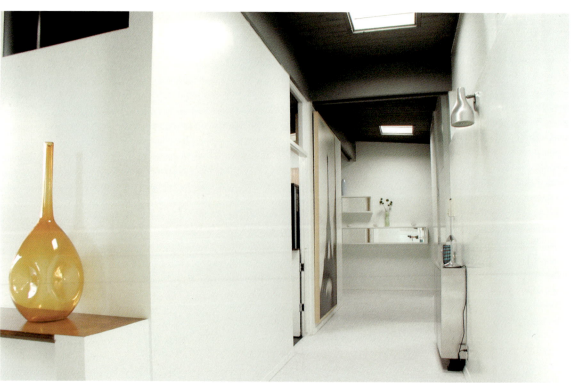

125 Tamburine House

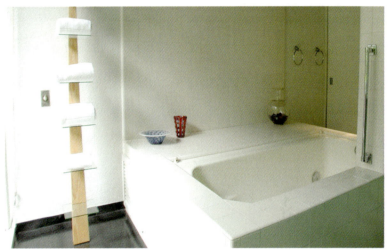

Reyna Residence

Dean Nota Architect, AIA
Los Angeles, United States
Photo: Erhard Pfeiffer

Facing the sea on Hermosa Beach in the West of Los Angeles, the huge plates of glass connected to the exterior in the living areas act as the heart of this home which is dis-tributed over a series of three vertical levels. If one of the facades is an enormous, closed volume of chipboard that spills over into the exterior, the other, is a transparent body open to the sea. This concept of opposed elements (open-closed, heavy-light) creates a stimulating inter-play of tensions. Against a cautious interior, the true appeal of this home is the architecture.

RESIDENCIA REYNA

Emplazado frente al mar, en contacto con la arena de la playa Hermosa Beach, al oeste de Los Ángeles: un gran volumen acristalado que contiene las áreas de estar y se comunica con el exterior se convierte en el corazón de esta vivienda organizada en una secuencia vertical de tres niveles. Si una de las fachadas es un volumen cerrado y macizo que se vuelca al exterior, la otra, que da a la playa, es un cuerpo transparente abierto al mar. Ese empleo de conceptos encontrados (abierto-cerrado, solidez-ligereza...) se encarga de crear un sugerente juego de tensiones. La arquitectura es la verdadera protagonista potenciada por una decoración mesurada.

RESIDÊNCIA REYNA

Situado frente ao mar, em contacto com a areia da praia Hermosa Beach, ao oeste de Los Ángeles: um grande volume envidraçado que contêm as áreas de estar e comunica-se com o exterior converte-se no coração desta casa organizada numa sequência vertical de três níveis. Se uma das suas fachadas é um volume fechado e maciço que se mostra ao exterior, a outra, que dá à praia, é um corpo transparente aberto ao mar. Essa utilização de conceitos encontrada (aberto-fechado, solidez-leveza...) encarrega-se de criar um sugerente jogo de tensões. A arquitectura é a verdadeira protagonista potencializada por uma decoração moderada.

133 Reyna Residence

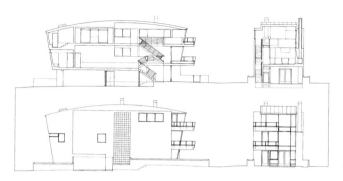

Section
Sección
Secção

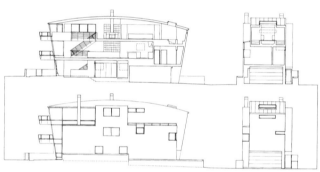

Section
Sección
Secção

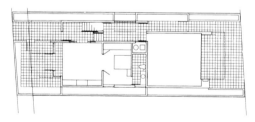

Ground floor
Planta baja
Rés-do-chão

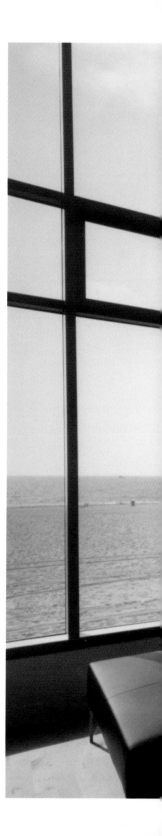

Elevations
Alzados
Alçados

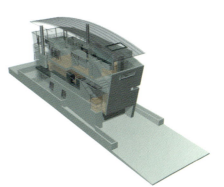

Axonometric perspectives
Perspectivas axonométricas
Perspectivas axonometricas

137 Reyna Residence

Belson Residence

Lehrer Architects
Los Angeles, United States
Photo: Michael B. Leher AIA & Grant Mudford

This home is a good representation of quintessential L.A. style in which existing, unordered forms and new volumes are precisely adjusted so as not to cause further chaos. Lehrer Architects, the studio in charge of re-modelling the home, was confronted with a series of obstacles. On one hand, the old ranch-style homestead had been personalised over the years with various extensions and alterations and on the other the renovations had to maintain the spirit of the original construction whilst converting it into a contemporary abode. The result is a home charged with personality in which the past and present live together harmoniously.

RESIDENCIA BELSON

Esta casa representa la quintaesencia del diseño en Los Ángeles, que es conseguir ajustar unas formas caóticas a unos nuevos volúmenes sin potenciar el caos arquitectónico. Los responsables de proyectar la nueva reforma y ampliación de la vivienda, Lehrer Architects, se encontraron con una serie de condicionantes que no podían obviar. Por un lado se trataba de un antiguo rancho de estilo ecléctico al que ya se le habían añadadido algunos cuerpos a lo largo de los años y, por otro, las nuevas formas debían permitir mantener el espíritu de la construcción original a la vez que se conseguía una edificación actual. El resultado ha sido una vivienda cargada de personalidad en la que conviven sin alterarse presente y pasado.

RESIDÊNCIA BELSON

Esta casa representa a quinta-essência do design em Los Ángeles, que é conseguir ajustar umas formas caóticas a uns novos espaços sem potenciar o caos arquitectónico. Os responsáveis de projectar a nova reforma e ampliação da casa, Lehrer Architects, encontraram-se com uma série de situações que tinham que ter cm conta. Por um lado tratava-se duma antiga fazenda, de estilo ecléctico à que já tinham feito algumas incorporações ao longo dos anos, e por outro lado, as novas formas deviam permitir manter o espírito da construção original conseguindo inclusive uma edificação actual. O resultado foi uma casa carregada de personalidade na qual convivem sem se alterar o presente e o passado.

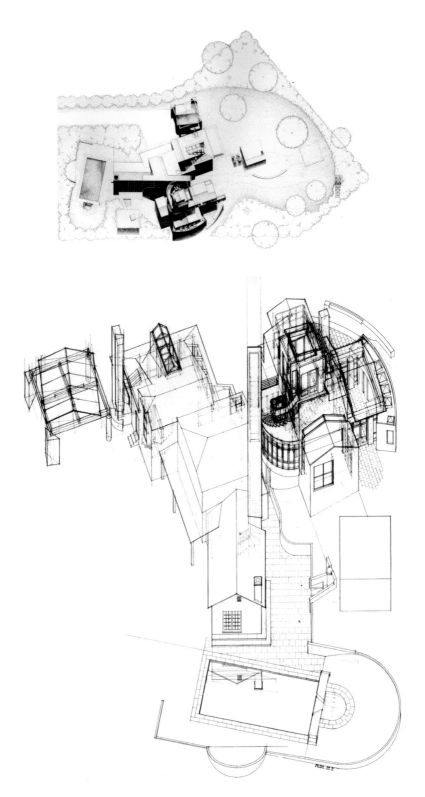

140 Belson Residence

141 Belson Residence

143 Belson Residence

Lawson Western House

Eric Owen Moss
Los Angeles, United States
Photos: © Tom Bonner

Despite the theatrics of its appearance, there is nothing gratuitous or arbitrary in this imposing and peculiar home. Carried out in the architectural language of Eric Owen Moss, he remained faithful to some very stringent ideas that reflect his obsession for details and integral design. This experiment in form and space converts the kitchen into the nerve centre of the home. Its unusual conical forms become the main exterior volume, delimiting other structural forms, and are also the principal element from which the interior space is laid-out.

CASA LAWSON WESTERN

Imponente y peculiar. A pesar de la teatralidad de su apariencia, en esta vivienda nada es gratuito o arbritario: el lenguaje formal empleado por el arquitecto Eric Owen Moss obedece a la aplicación de unas ideas muy concretas que reflejan su preocupación por los detalles y el diseño integral. La experimentación -tanto formal como espacial- convierte a la cocina en el eje vertebrador de la casa; sus singulares formas cónicas la convierten en el volumen principal en el exterior -este cuerpo delimita y genera el resto de formas estructurales- y en el elemento a partir del cual se organiza el espacio interior.

CASA LAWSON WESTERN

Imponente e peculiar. Apesar da teatralidade da sua aparência, nesta casa nada está ao azar ou por obrigação; a linguagem formal empregada pelo arquitecto Eric Owen Moss obedece à aplicação dumas ideias muito claras que reflectem a sua preocupação pelos detalhes e o design integralmente. A inventiva -tanto na forma como no espaço- transforma a cozinha no eixo vertebral da casa; as suas singulares formas cónicas convertem-na no volume principal no exterior -este corpo limita e gera o restante das formas estruturais- e no elemento a partir do qual se organiza o espaço interior.

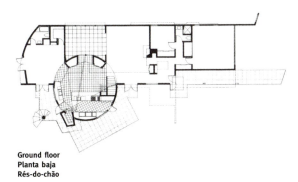

Ground floor
Planta baja
Rés-do-chão

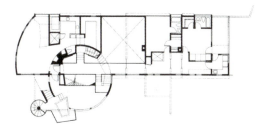

First floor
Planta primera
Primeiro andar

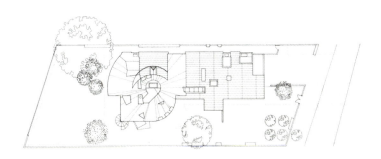

Kohli Residence

Frank Glynn
Los Angeles, United States
Photo: Michael Herbach

Some rational, concise and defined geometric lines mark this construction. Its hermetic and frail exterior presence is soon forgotten upon entering the interior of the home. The concise spatial layout manages to configure a series of transparent and open interior spaces that communicate with the exterior through its multiple glass openings of var-ious sizes. Restricted measurements and a decorative austerity are the star features of this modern home where nothing is superfluous. Here nothing has been left to chance and every element has its purpose.

RESIDENCIA KOHLI

Unas racionales, concisas y definidas líneas geométricas marcan a esta construcción. Su presencia exterior podría inducir a errores ya que el hermetismo y frialdad que su arquitectura transmite quedan totalmente eliminados al penetrar en el interior de la vivienda. La acertada organización espacial logra configurar unos interiores diáfanos y abiertos que se comunican con el exterior gracias a múltiples aberturas acristaladas de tamaños diferentes. Economía de medios y austeridad decorativa son los protagonistas de esta residencia contemporánea en la que no existen elementos superfluos. Nada está allí por azar, todo tiene una razón de ser.

RESIDÊNCIA KOHLI

Umas racionais, exactas e definidas linhas geométricas marcam esta construção. A sua presença exterior poderia levar ao engano, pois o hermético e frio que a sua arquitectura transmite acabam completamente eliminados ao entrar no interior da casa. A exacta organização do espaço consegue configurar uns interiores claros e abertos que se comunicam com o exterior graças a múltiplas aberturas envidraçadas de tamanhos diferentes. Economia de meios e austeridade decorativa são os protagonistas desta residência contemporânea na qual não existem elementos desnecessários. Nada está nela por acaso, tudo tem uma razão de ser.

151 Kohli Residence

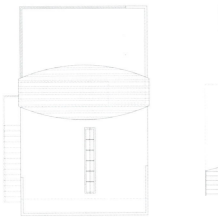
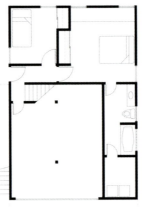

Plans
Plantas
Plantas

152 Kohli Residence

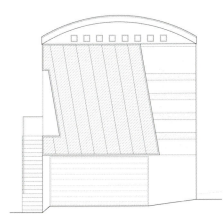

Elevation
Alzado
Alçado

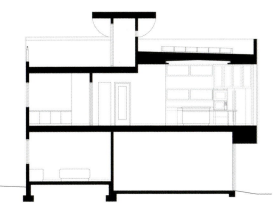

Section
Sección
Secção

153 Kohli Residence

M House

Michael Jantzen
Kern County, California, United States
Photo: Michael Jantzen

The work of Michael Jantzen has always been marked by the desire to reinvent the house; creating a flexible architecture in a domestic space would allow him to provide more than one shape to a house -without the need to destroy a building in order to give it one function or give it a new shape-.
The M House is an ensemble of malleable elements that provide comfort, and create both a spacious interior and an aesthetic and functional exterior. In the center of what apparently has a chaotic and abstract shape is a simple base of symmetric structure. This base is formed by an interconnected rectangular structure made of steel which creates a grid from which the rest of the panels emerge to form the general structure. These panels can be adjusted both vertically and horizontally to various angles that give the space the ability to be constantly modified. Various sizes and formats are possible, even curvilinear ones, and they can be made from several different materials. Likewise, the central grid can be changed in size according to the surface area where it is built.
This building has been designed as a vacation home, a guest home, a place to hold celebrations or a small office studio.

CASA M

El trabajo de Michael Jantzen siempre ha estado marcado por el deseo de reinventar la casa: crear una arquitectura flexible en un espacio doméstico que pudiera permitirle dotar de más de una forma a la vivienda -sin necesidad de demoler el edificio para destinarlo a una función o darle una nueva forma-.
La casa M es un ensamblaje de elementos manipulables que pueden acomodarse y crear un espacioso interior y un estético y funcional exterior. En el centro de lo que aparentemente es una forma caótica y abstracta hay una sencilla base de estructura simétrica. Esta base está formada por estructuras rectangulares interconectadas, elaboradas con acero, que crean una parrilla desde la cual emerge el resto de los paneles que conforman la estructura general. Estos paneles tienen la posibilidad de graduarse en diversos ángulos, tanto horizontal como verticalmente; de esta manera se consigue que el espacio pueda modificarse constantemente; pueden tener diversos tamaños y formatos, incluso formas curvilíneas, y elaborarse con diferentes materiales. Asimismo, la parrilla central puede variar de tamaño según la superficie sobre la que se desee construir.
Esta edificación ha sido diseñada como residencia de vacaciones, casa para invitados, lugar de celebraciones festivas o pequeño estudio oficina.

CASA M

O trabalho de Michael Jantzen sempre esteve marcado pelo desejo de reinventar a casa: criar uma arquitectura flexível num espaço doméstico que pudesse permitir-lhe um enfoque diverso à casa -sem necessidade de derrubar o prédio para o destinar a uma função determinada ou lhe dar uma nova forma-.
A casa M é uma ensamblagem de elementos manipuláveis que podem acomodar-se e criar um espaçoso interior e um estético e funcional exterior. No centro do que aparentemente é uma forma caótica e abstracta há uma simples base de estrutura simétrica. Esta base está formada por estruturas rectangulares interligadas, elaboradas com aço, que criam uma grelha desde onde surge o resto dos painéis que conformam a estrutura geral. Estes painéis têm a possibilidade de se graduar em diversos ângulos, tanto horizontal como verticalmente; desta maneira consegue-se que o espaço possa modificar-se constantemente; podem possuir vários tamanhos e formas, inclusive formas curvas, e ser elaborado com diferentes materiais. Mesmo assim, a grelha central pode variar de tamanho dependendo da superfície sobre a que se deseje construir.
Esta edificação foi desenhada como residência para as férias, casa para convidados, lugar para comemorações de festas ou pequeno estúdio e oficina.

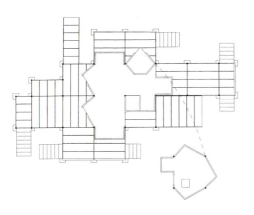

Floor plan
Planta
Plano

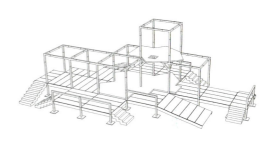

Axonometry
Axonometría
Axonometria

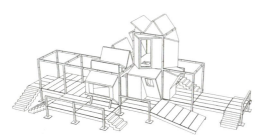

Axonometry
Axonometría
Axonometria

Axonometry
Axonometría
Axonometria

159 M House

The flexibility of the structure can create all the conventional spaces of a house: porch, bedroom, kitchen, balconies, work studio, etc.

La flexibilidad de la estructura permite crear todos los espacios convencionales de una vivienda: porche, dormitorio, cocina, balcón, estudio de trabajo, etcétera.

A flexibilidade da estrutura permite criar todos os espaços convencionais duma casa: pátio, quartos, cozinha, balcão, estúdio de trabalho, etc.

Williams House

Robert Harvey Oshatz
Oregón, United States
Photo: R.H. Oshatz / Steven Allen

When the original house was built in 1972, the site was an isolated and tranquil paradise surrounded by trees. The current owners bought the house in 1980, and over the years the area has become a typical suburban residential neighborhood -much to their disdain-. For this reason, they commissioned Robert Oshatz to design a brand new annex to the house which would be completely different than the impersonal façades of the neighborhood and break with the aesthetic norm of their surrounding. The only thing that the owners liked about these traditional houses were their durability and stucco; it was decided that this would be the predominate material used on the building's exterior. The new and the old have been combined to let this construction benefit from the roof inclination and the other rooms in the house. The choice of circular forms in the design of the new volume is due to the predilection of the Williams's for this geometric shape.
The southern face of the house has been shielded by a semicircular disk with vertical mullions which help bring intimacy to the house and protect the exterior. The circular structures located opposite the master bedroom in turn protect it from the rays of the setting sun.

CASA WILLIAMS

Cuando la casa originaria se construyó en 1972, el lugar era un aislado y tranquilo paraje rodeado de árboles. Los actuales propietarios la compraron en 1980, y con el paso de los años la zona se convirtió en el típico barrio residencial de las afueras -hecho que no agradó a los dueños-. Por este motivo, encargaron a Robert Oshatz el diseño de un anexo a la vivienda completamente nuevo y totalmente diferente a las impersonales fachadas del vecindario con el objetivo de romper estéticamente con su entorno. Lo único que les gustaba a los propietarios de estas casas tradicionales era la durabilidad y apariencia del estuco; por ello decidieron que fuera el material predominante en el exterior de la vivienda. Lo nuevo y lo antiguo se han combinado para permitir a esta construcción beneficiarse de la inclinación del techo y otras estancias de la casa. La elección de las formas circulares en el diseño del nuevo volumen se debe a la predilección que sentían los Williams hacia esta figura geométrica.
La cara sur de la vivienda ha sido resguardada con un disco semicircular en el que se encuentran los parteluces verticales, gracias a los cuales se dota de intimidad a la vivienda y se la protege del exterior. A su vez, las estructuras circulares ubicadas frente al dormitorio principal lo protegen de la exposición del sol de poniente.

CASA WILLIAMS

Quando a casa original construiu-se em 1972, o lugar era uma isolada e tranquila região cercada por árvores. Os actuais proprietários compraram-na em 1980, e com o passar dos anos a zona converteu-se no típico bairro residencial das proximidades -facto que não agradou aos donos-. Por esse motivo, pediram a Robert Oshatz o design dum anexo à casa completamente novo e totalmente diferente das impessoais fachadas da vizinhança com o objectivo de quebrar a estética do seu entorno. O único que agradava aos proprietários destas casas tradicionais era a longevidade e aparência do estuque; por isso decidiram que fosse o material que predominasse no exterior da casa. O novo e o antigo foi combinado para permitir a esta construção beneficiar-se da inclinação do tecto e outros lugares da casa. A eleição das formas circulares no design do novo volume deve-se à predilecção que sentiam os Williams frente a esta figura geométrica.
A parte sul da casa foi protegida com um disco em forma de semicírculo no qual se encontram os quebra-luzes verticais, graças aos quais dá intimidade à casa e protege-se do exterior. Igualmente, as estruturas circulares localizadas frente ao quarto principal protegem-no da exposição do sol de poente.

165 Williams House

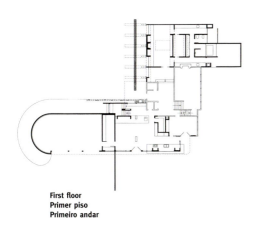

First floor
Primer piso
Primeiro andar

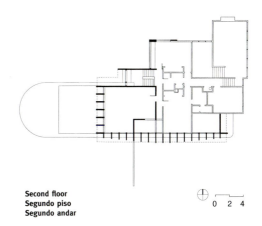

Second floor
Segundo piso
Segundo andar

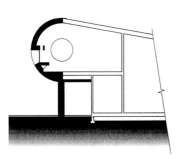

Section
Sección
Secção

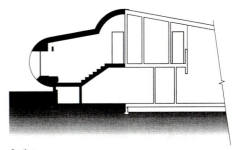

Section
Sección
Secção

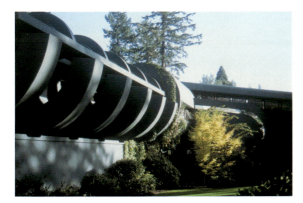

167 Williams House

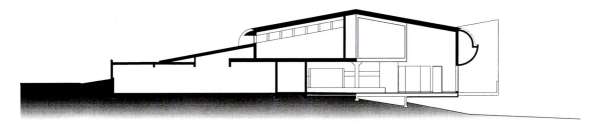

Longitudinal section
Sección longitudinal
Secção longitudinal

169 Williams House

Knollenberg House

Barrett Studio Architects
Colorado, United States
Photo: Terry Lumme, Ron Forth, David Barret

The Knollenberg House is a magnificent example of architecture integrating into nature. Evoking the shape of a lizard reclining on a rock in order to blend into its surroundings, the home is inhabited by a couple, one a scientist and the other an artist and it brings together such disparate elements as technology and art, the masculine and feminine, the material and the spiritual.

The house is set atop a granite outcropping at the foot of the Rocky Mountains and next to a sheer valley of irregular boulders. The house sits on a steel structure with a mechanical system supporting it. In this way, the granite rock below was not perforated, thus avoiding any environmental impact to the area. The space strikes a balance between more masculine, angular shapes and circular or more feminine ones. Added to all this is an exterior searching for motivation and an interior seeking to encourage social interaction and coexistence.

The intention given to the building's exterior face was to convey the sensation of molded lichen, attained thanks to the use of smooth stucco, steel roofing, glass and steel rails and slate patios.

CASA KNOLLENBERG

Magnífico ejemplo de arquitectura integrada en un entorno natural, la casa Knollenberg es un combinado de cielo, roca y extensos horizontes. La vivienda, que evoca la forma de una lagartija sobre la roca para lograr esta inserción en el paisaje, se encuentra habitada por una pareja compuesta por un científico y una artista, y aglutina en sí misma elementos diferentes como tecnología y arte, masculino y femenino, materia y espiritualidad.

El lugar sobre el que se levanta la casa se halla al pie de las montañas Rocosas, sobre un promontorio de granito y junto a un escarpado valle de irregulares rocas.

La vivienda se eleva sobre una estructura de acero bajo la cual se ha colocado el sistema mecánico, de esta manera se ha evitado la perforación de la roca de granito y provocar, en consecuencia, un impacto ambiental en la zona. El espacio encuentra su equilibrio en la convivencia de formas angulosas, de carácter masculino, y de formas circulares, más femeninas; todo ello junto a un exterior que busca la motivación y un interior que pretende fomentar las relaciones sociales y de convivencia.

Al aspecto exterior del edificio se le ha querido otorgar la sensación que ofrece el liquen moldeado, conseguido gracias al empleo de estuco liso, techado de acero, barandillas de acero y cristal, y terrazas de pizarra.

CASA KNOLLENBERG

Magnífico exemplo de arquitectura integrada num entorno natural, a casa Knollenberg é um combinado de céu, rocha e longos horizontes. A casa, que evoca a forma duma lagartixa sobre a rocha para conseguir esta inserção na paisagem, encontra-se habitada por um casal composto por um científico e uma artista, e engloba nela própria elementos diferentes como tecnologia e arte, masculino e feminino, matéria e espiritualidade.

O lugar sobre o qual se levanta a casa encontra-se ao pé das montanhas Rochosas, sobre um promontório de granito e junto a um descampado vale de rochas irregulares.

A casa eleva-se sobre uma estrutura de aço sob o qual colocou-se o sistema mecânico, desta maneira evitou-se a perfuração da rocha de granito e provocar, consequentemente, um impacto ambiental na zona. O espaço encontra o seu equilíbrio na convivência de formas angulares, de carácter masculino, e de formas circulares, mais femininas; tudo isso junto dum exterior que procura a motivação e um interior que pretende fomentar as relações sociais e de convivência.

Ao aspecto exterior do prédio quiseram dar a sensação que oferece o líquen prensado, conseguido graças à utilização de revestimento liso, telhado de aço, corrimãos de aço e vidro, e terraços de ardósia.

171 Knollenberg House

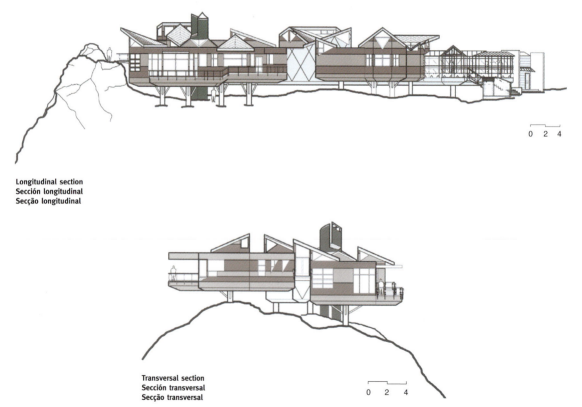

Longitudinal section
Sección longitudinal
Secção longitudinal

Transversal section
Sección transversal
Secção transversal

173 Knollenberg House

The interior structure of the house follow lines drawn by nature: the staircases and asymmetries evoke the unevenness of the terrain.

La estructura interior de la casa imita los dibujos de la naturaleza: las escaleras y las asimetrías simulan los desniveles del terreno.

A estrutura interior da casa imita os designs da natureza: as escadas e as assimetrias assemelham-se aos desníveis do terreno.

Laren House

Monk Architecten
Laren, The Netherlands
Photo: Peter Cuypers

The initial assignment was to remodel a pre-existing home in the north of Holland, but after some consideration, it was believed that the best thing to do was to tear it down and build a new building.
After a few conversations with the owners, a couple who had always lived in Amsterdam, the objective of the project was found: recreate city life in the country. Starting from this premise, the intention became to develop a quality design that would be linked to the historic elements of the location -the house is located in Laren, the oldest village in the traditional farming region of Het Gooi in the north of the country-. Despite the development that had taken place in Laren throughout the 20th century, the area had managed to preserve the prevalent aesthetic of the region's Saxon farms. Characterized by their painted wood façades, their roofs and exterior walls are thatched, a material that conserves the heat of summer and carries out thermal functions in winter. Dark stone to bring contemporary connotations has been used in the large chimney. The windows, which have been placed on the sides and the upper arch to best take advantage of the light, have been trimmed in thatch, giving them great depth and a touch of decoration.

CASA LAREN

El encargo inicial fue la remodelación de una vivienda ya existente en el norte de Holanda, pero después de algunas consideraciones se pensó que lo más adecuado era derribarla y construir un nuevo edificio.
Tras algunas conversaciones con los propietarios, una pareja que siempre ha residido en Amsterdam, se llegó al objetivo del proyecto: crear vida de ciudad en el campo. A partir de esta premisa, la intención fue desarrollar un diseño de calidad que conectara con la vertiente histórica de la ubicación -la vivienda se encuentra en Laren, el pueblo más antiguo de la región de Het Gooi, en el norte del país, y tradicionalmente una zona de granjeros-. A pesar del desarrollo que ha experimentado Laren a lo largo del siglo XX, esta localidad ha conservado la estética de las granjas sajonas que predominan en la zona, caracterizadas por techos y los muros exteriores de paja -material que resguarda del calor en verano y desempeña funciones térmicas en invierno- y las fachadas de madera pintada. Para la gran chimenea se ha empleado piedra oscura, que aporta connotaciones contemporáneas.
Las ventanas, que se han ubicado en los laterales y en el arco superior para un mayor aprovechamiento de la luz, se han recortado en la paja y presentan gran profundidad y ornamentación.

CASA LAREN

A encomenda inicial foi a remodelação duma casa que já existia no norte da Holanda, mas depois de algumas considerações pensou-se que o mais lógico era derrubá-la e construir um novo prédio.
Depois de algumas conversações com os proprietários, um casal que sempre morou em Amesterdão, chegou-se ao objectivo do projecto, criar vida de cidade no campo. A partir deste preceito, a intenção foi desenvolver um design de qualidade que conectasse com a vertente histórica da sua localização -a casa encontra-se em Laren, a povoação mais antiga da região de Het Gooi, no norte do país, e tradicionalmente uma zona de agricultores-. Além do desenvolvimento que experimentou Laren ao longo do século XX, esta localidade conservou a estética das quintas saxónias que predominam na zona, caracterizadas por tectos e muros exteriores de palha -material que protege do calor no verão e possui funções térmicas no inverno- e as fachadas de madeira pintada. Para a grande chaminé foi utilizada pedra escura, que oferece conotações contemporâneas.
As janelas, que foram instaladas nas laterais e no arco superior para um maior aproveitamento da luz, foram recortadas na palha e apresentam grande profundidade e beleza.

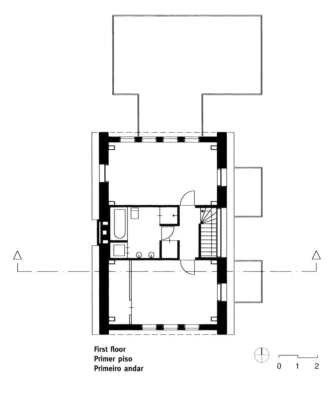

First floor
Primer piso
Primeiro andar

0 1 2

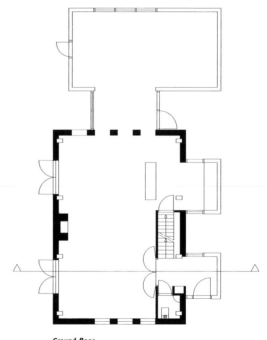

Ground floor
Planta baja
Rés-do-chão

178 Laren House

The exterior's emphatic and ascetic appearance contrasts with the open and well-lit spaces of the less-experimental interior.

El rotundo y ascético aspecto exterior contrasta con los espacios abiertos y luminosos del interior, menos experimentales.

O definitivo e inovador aspecto exterior contrasta com os espaços abertos e iluminados do interior, menos experimentais.

180 Laren House

The curved shape of the thatched roof provides the building with the maximum volume possible and a certain charisma, despite the restrictions of the local building codes.

La forma curva del techo de paja permite dotar al edificio del máximo volumen posible y de cierto carisma, a pesar de las restricciones de la normativa urbanística local.

A forma circular do tecto de palha permite dar ao prédio o máximo volume possível e certo carisma, apesar das restrições das normativas urbanas locais.

Rooftecture M

Shuhei Endo
Maruoka, Japan
Photo: Yoshiharu Matsumura

Rooftecture M unites the functions of home and workshop. Located in a typical residential area outside the city, the floor plan has a long rectangular shape pointing north-south.
A steel plate was installed to surround the structure to insulate the house from exterior noise pollution and the neighbors; on the north side, this was unnecessary as the road in front is rather quiet.
The owner wanted a workshop whose space would bring peace and offer the best visual perspective possible to the numerous visitors who often come calling. What gives the space a sense of volume and amplitude is an angled element that connects the roof to the wall.
The private areas, like the bedroom, living room, and dining area, are located deep in the interior on the south side, the areas most out of sight from the neighbors; the family atmosphere here can be more relaxed. The bedrooms are located on the first floor, with the kitchen, dining area, living room and bathroom on the ground floor. On the other hand, the workshop on the north side of the house is on the first floor in an area open to the exterior covered in glass panels. Below is a one-car garage.

Rooftecture M comparte las funciones de casa y taller. Ubicada en una típica zona residencial de las afueras de la ciudad, la planta de esta vivienda tiene forma de largo rectángulo y está orientada en sentido norte-sur.
Para aislar la casa de la contaminación acústica exterior y del vecindario, se ha instalado una plancha de acero que envuelve la estructura; en el lado norte no ha sido necesario, pues la carretera con la que colinda es muy tranquila.
El propietario quería un taller cuyo espacio aportara calma y la mayor perspectiva visual posible a las numerosas visitas que suele recibir. Para ello se recurrió a una pieza doblada que conecta el techo con la pared, y que crea una sensación de volumen y amplitud.
Las habitaciones de ámbito privado, como los dormitorios, el salón y el comedor, están situados en el lugar de mayor profundidad, en la zona sur, que por otro lado es el área más oculta a las miradas vecinas; de esta forma permite las relaciones familiares de manera distendida. Los dormitorios se encuentran en la primera planta; la cocina, el comedor, el salón y el baño, en la planta baja. Por el contrario, el taller está en la zona norte de la casa, en el primer nivel, en una área abierta al exterior y recubierta de cristal. Debajo se ha instalado el garaje, con espacio para una plaza.

Rooftecture M comparte as funções de casa e oficina. Localizada numa típica zona residencial nas afora da cidade, o plano desta casa possui um formato de rectângulo comprido e está orientada no sentido norte-sul.
Para isolar a casa da contaminação sonora exterior e da vizinhança, foi instalada uma chapa de aço que envolve a estrutura; no lado norte não foi necessário, pois a estrada adjacente é muito tranquila.
O proprietário queria uma oficina com espaço que oferecesse tranquilidade e a maior perspectiva visual possível às numerosas visitas que costuma receber. Para isso recorreu a uma peça dobrada que liga o tecto com a parede, e que cria uma sensação de volume e amplitude.
As habitações de âmbito particular, como os quartos, a sala e a sala de jantar, estão localizados no lugar de maior profundidade, na zona sul, que por outro lado é a área mais oculta aos olhares dos vizinhos; desta forma permite as relações familiares de forma mais distendida. Os quartos encontram-se no primeiro andar; a cozinha, a sala de jantar, a sala de estar e a casa de banho, no rés-do-chão. Pelo contrário, a oficina está na zona norte da casa, no primeiro andar, numa área aberta ao exterior e forrada de vidro. Em baixo instalou-se a garagem, com espaço para um veículo.

Longitudinal section
Sección longitudinal
Secção longitudinal

Elevation
Alzado
Alçado

0 1 2

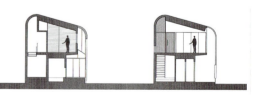

Transversal sections
Secciones transversales
Secções transversais

0 1 2

The three most prevalent materials are steel, used in the structure forming the roof and the insulating wall, wood in both the interior and exterior, and glass in certain walls.

Los tres materiales predominantes son el acero de la estructura que ejerce de techo y pared aislante, la madera tanto del interior como en el exterior, y el cristal de algunas de las paredes.

Os três materiais que predominam são o aço da estrutura que faz de tecto e de parede isolante, a madeira tanto do interior como do exterior, e o vidro de algumas das paredes.

First floor
Primer piso
Primeiro andar

Second floor
Segundo piso
Segundo andar

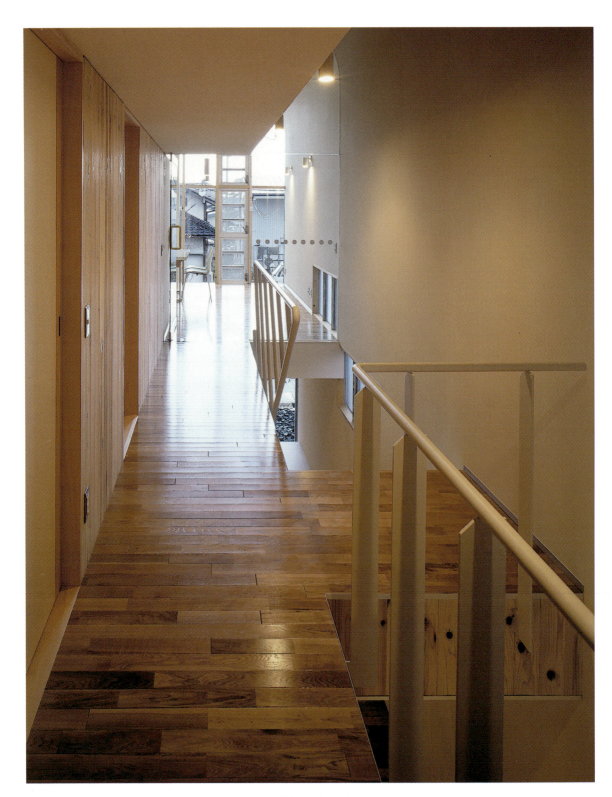

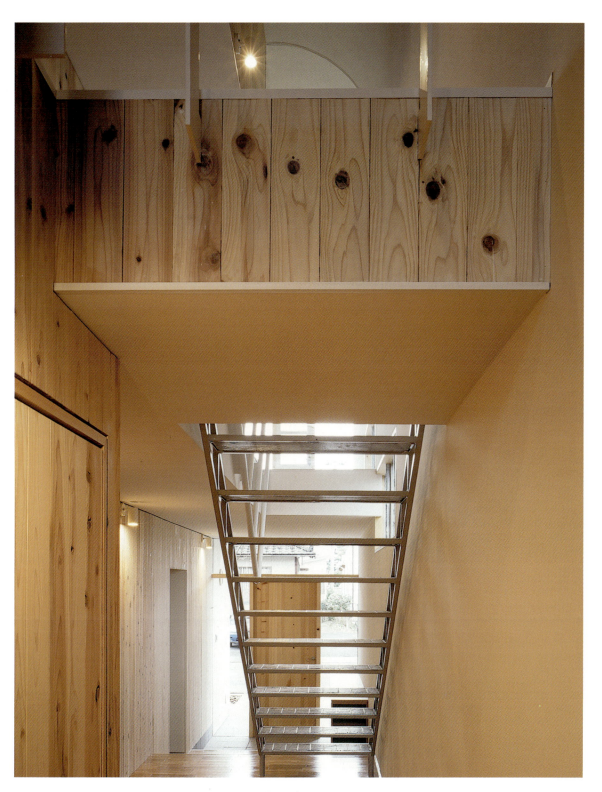

Shimomura House

Rockhill and Associates
Kansas, United States
Photo: Dan Rockhill

This building's exterior appearance resulted from the need of the owners -a Kansas University art professor and a respected artist- for a lot of physical space and ample wall space to develop their work and to store their extensive art collection. The rather long and narrow property is located on a main street connecting the university with western half of the urban center. It is set on terrain sloping about seven meters to the east and is encircled by conventionally designed houses.
Originally, the building, which was added on to a pre-existing structure with a shop, was slated to have a typical metal structure that was long and simple with a few windows. In time, this initial idea evolved into a building that looked like a warehouse, but had a construction system of a house built with industrial materials. The roof of the living space combines design and technology with ecological dimensions, such as the rain water collection system that drains water into rubber-lined "tongues" set into steel funnels. The exterior is a combination of galvanized steel awnings over both doors and windows, a corrugated metal roof, and prefabricated concrete panels that shape the building's silhouette.

CASA SHIMOMURA

El aspecto exterior del edificio deriva de la necesidad de sus propietarios -un profesor de arte de la Universidad de Kansas y una respetada artista- de mucho espacio físico y de amplios muros para el desempeño de su trabajo y el almacenamiento de su extensa colección de arte. Esta propiedad, ubicada en la calle principal que conecta la universidad con la parte oeste del núcleo urbano, es una larga y estrecha estructura emplazada en un terreno con una pendiente de unos siete metros hacia el lado este, y se encuentra rodeada por casas de arquitectura convencional.
Originariamente, el edificio, que se levantó a partir de otro ya existente en el que se había instalado una tienda, contaba con un presupuesto para una estructura típica de metal, una larga y sencilla estructura con algunas ventanas. Pero después, esta idea inicial derivó en una edificación de aspecto semejante a un almacén pero con el sistema de construcción utilizado en cualquier casa, y que empleaba materiales industriales. El techo de esta vivienda combina diseño y tecnología de dimensiones ecológicas, pues está dotado de un sistema que recoge el agua de lluvia que, posteriormente, desemboca en unas "lenguas" revestidas de caucho dentro de unos embudos de acero. El exterior es una combinación de toldos de acero galvanizado, tanto en puertas y ventanas, techo de láminas de metal ondulado y paneles de hormigón prefabricado que configuran la silueta del edificio.

CASA SHIMOMURA

O aspecto exterior do prédio é derivado da necessidade dos seus proprietários -um professor de arte da Universidade de Kansas e uma respeitada artista- de muito espaço físico e de grandes muros para o desempenho do seu trabalho e a armazenagem da sua grande colecção de arte. Esta propriedade, localizada na rua principal com conexão da universidade com a parte oeste do núcleo urbano, é uma longa e estreita estrutura localizada num terreno com uma ladeira de uns sete metros ao lado leste, e encontra-se rodeada por casas de arquitectura convencional.
Originalmente, o prédio, que levantou-se a partir de outro que já existia, e no qual fora instalada uma loja, contava com um orçamento para uma estrutura típica de metal, uma longa e simples estrutura com algumas janelas. Mas depois, esta ideia original acabou numa construção de aspecto parecido ao dum armazém mais com o tipo de construção utilizado em qualquer casa, e que utilizava materiais industriais. O tecto desta casa combina design e tecnologia de dimensões ecológicas, pois está composto dum sistema que recolhe a água da chuva que, mais tarde, desemboca numas "línguas" revestidas de borracha dentro de uns funis de aço. O exterior é uma combinação de estores de aço galvanizado, tanto em portas e janelas, tecto laminado em metal ondulado e painéis de betão pré-fabricado que dão forma à silhueta do prédio.

191 Shimomura House

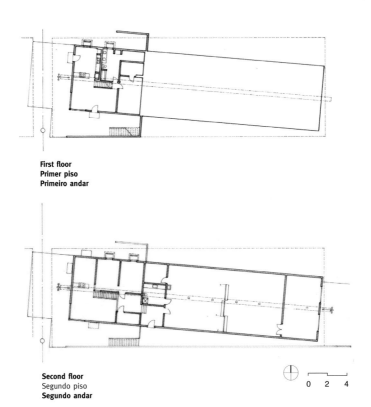

First floor
Primer piso
Primeiro andar

Second floor
Segundo piso
Segundo andar

0 2 4

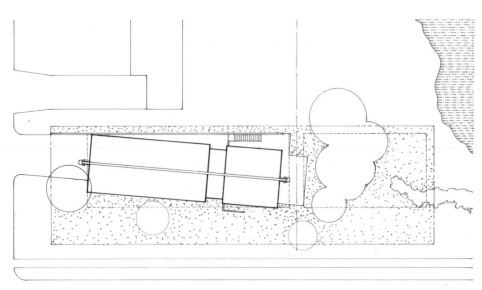

Site plan
Planta de situación
Plano da situação

The garage door opener is located outside to pay homage to the region's great tradition of using farm machinery.

El mecanismo de elevación de las puertas del garage se colocó en el exterior para enfatizar el espíritu de la región, impregnado de la utilización de la maquinaria agrícola.

O mecanismo de elevação das portas da garagem colocou-se no exterior para dar ênfase ao espírito da região, previsto da utilização de maquinaria agrícola.

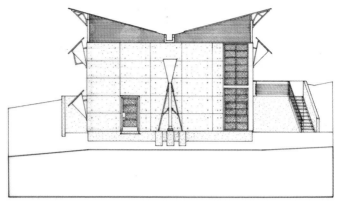

Elevation
Alzado
Alçado

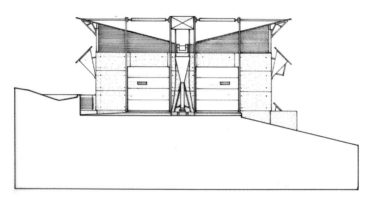

Elevation
Alzado
Alçado

0   1   3

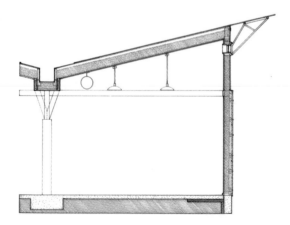

Section
Sección
Secção

197 Shimomura House

Agosta House

Patkau Architects
Washington, United States
Photo: James Dow

Surrounded by leafy fir trees on San Juan Island, Washington, this private residence with an area of 260 m² has attempted to unite the living and working areas of its owners and adapt them to a new life after moving from Manhattan. The total surface area of the property includes approximately 17km of Douglas fir tree forest of which 4,000 m² have been set aside to preserve the environment. Three of the four sides of this extensive and rectilinear property are lined by forest and the fourth -facing northwest- enjoys a magnificent view of the nearby meadows and valleys. All of this is surrounded by a high fence which helps to protect the property from the numerous deer inhabiting the area.
The house is located on a ridge which crosses the meadow as if it were a spatial dike. In front of the house, a courtyard has been built with an unusual garden and several water channels. The building design responds to the site's inclination with slanted roofs and walls in order to integrate into the natural shapes around it.
Local materials, such as wood from the fir tree, were used in the framing and also in the stable, which was coated with a thick layer of plaster. The exterior has been backed with steel plates which, along with protecting the structure from inclement weather, act as a firewall in the event of a forest fire, as the area is difficult to reach.

CASA AGOSTA

Rodeada por un frondoso bosque de abetos en la isla de San Juan, Washington, esta residencia privada de 260 m² de extensión ha intentado unir el espacio de vivienda y de trabajo de sus propietarios y adaptarlos a la nueva vida del lugar tras el traslado desde Manhattan. La superficie total de la propiedad abarca 17 km del bosque de abetos Douglas, de los cuales 4.000 m² han sido dedicados a la conservación del medio ambiente. Tres de los cuatro lados de esta extensa y rectilínea propiedad lindan con los bosques, el cuarto -en dirección al noroeste- disfruta de una vista excepcional de campos y valles. Toda ella dispone de una alta cerca cuya función es proteger el recinto de los numerosos venados que habitan en la zona. La casa se encuentra ubicada sobre la cordillera que cruza el prado, como si de un dique espacial se tratara. Frente de la vivienda se ha instalado un antepatio que alberga un atípico jardín y diversos canales destinados al agua. El diseño de la construcción responde a la inclinación del lugar, techos y paredes en pendiente se integran en las formas de la naturaleza. Se emplearon materiales locales como la madera de abeto, con la que se construyó el armazón y para el cual también se aprovechó una caballeriza que se revistió con una gruesa capa de yeso. El exterior se encuentra contrachapado con planchas de acero, las cuales, además de proteger la estructura de las inclemencias climáticas, desempeñan una función de cortafuegos en el caso de algún posible incendio ya que es una zona de difícil acceso.

CASA AGOSTA

Rodeada por um frondoso bosque de abetos na ilha de São João, Washington, esta residência privada de 260 m² de extensão tentou juntar o espaço de casa e de trabalho dos seus proprietários e adaptá-los à nova vida do lugar depois da sua mudança desde Manhattan. A superfície total da propriedade enquadra 17 km do bosque de abetos Douglas, dos quais 4.000 m² foram dedicados à conservação do ambiente. Três dos quatro lados desta grande e rectilínea propriedade confinam com os bosques, o quarto -em direcção noroeste- desfruta duma vista espectacular de campos e vales. Toda ela dispõe duma grande cerca com a função de proteger o recinto dos numerosos veados que habitam nessa zona.
A casa encontra-se localizada sobre a cordilheira que cruza o prado, como se dum dique espacial se tratasse. Frente à casa foi instalado um quintal que acolhe um atípico jardim e diversos canais destinados à água. O design da construção responde às características do lugar, tectos e paredes em declive integram-se nas formas da natureza.
Foram utilizados materiais locais como a madeira de abeto, com a que se construiu a estrutura, também tendo sido aproveitada uma cavalariça que foi revestida com uma capa grossa de gesso. O exterior encontra-se revestido com pranchas de aço, as quais, além de proteger a estrutura das inclemências climáticas, possuem uma função de corta-fogos em caso de algum possível incêndio pois esta zona é de difícil acesso.

199 Agosta House

201 Agosta House

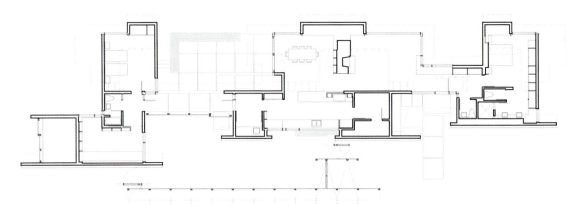

Ground floor
Planta baja
Rés-do-chão

0 1 2

202 Agosta House

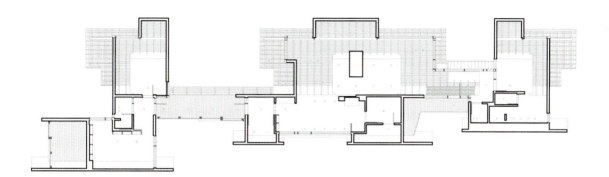

Roof levels
Planta de cubiertas
Terraço de cobertura

The steel plates have only been installed on the southeast area of the house in order to take advantage of the extensive view facing north.

Las planchas de acero se han instalado únicamente en la zona sudeste de la vivienda, así es posible disfrutar de las extensas vistas que se extienden hacia el norte.

As chapas de aço foram instaladas exclusivamente na zona sudeste da casa, sendo possível desfrutar das longas vistas que se estendem em direcção ao norte.

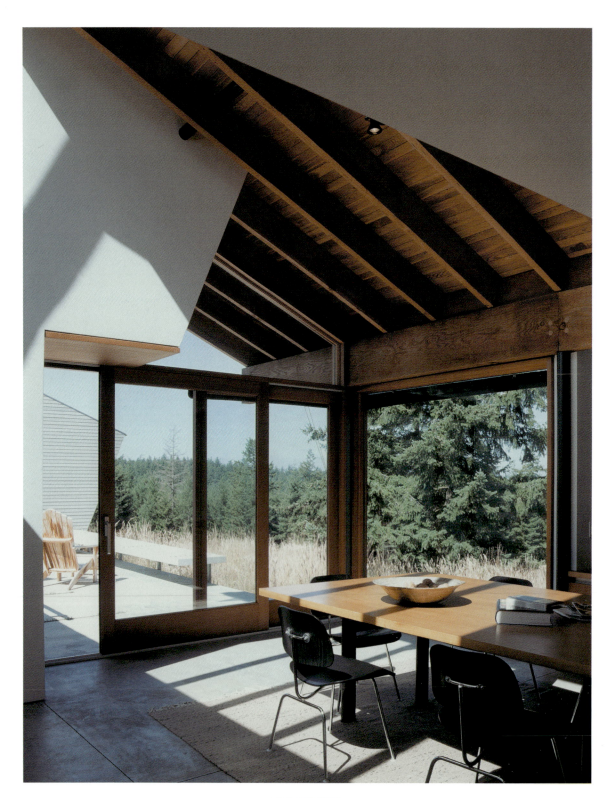

Elevations
Alzados
Alçados

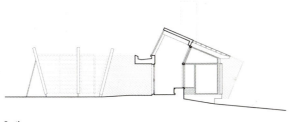
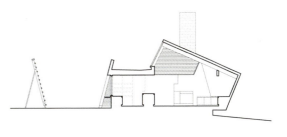

Sections
Secciones
Secções

A house for two architects

House + House Architects
San Miguel de Allende, Mexico
Photo: Steven House

This house was built over a former ranch house quite near the historic center of the alluring Mexican village of San Miguel de Allende. Respecting the site's history, several elements from the former house were used when building the new home. The front door, for example, was preserved intact, and the original adobe walls facing the street were reinforced with concrete to hold up the new roof and second floor, which thus increased the thickness of the cornice in the living room. Furthermore, the new bathroom preserved the plan of the original lavatory and the former shed, converted into one of the studios, was given a new foundation and its adobe walls were reinforced. The existing stone flooring was cut up and reused, and the brick flooring in the living room and studio was kept, as were the plants growing in the garden.
Some of the materials used in the new construction are old as well, such as the brick railings or the ceramic roof tiles. Other solutions, however, are more modern, such as the steel bars or the glass bubbles in the concrete and stone which give, in the Mayan language, insight into the lifeline of the owners.

CASA PARA DOS ARQUITECTOS

La vivienda ha sido construida sobre una antigua hacienda muy próxima al centro histórico del exótico pueblo mexicano de San Miguel de Allende. El proyecto, que se acometió desde el respeto por la historia del lugar, se edificó utilizando elementos existentes de la antigua vivienda. De esta manera, la puerta principal se preservó intacta; el originario adobe de los muros de la calle se reforzó con hormigón para extender el nuevo techo y la segunda planta y aumentar, así, el espesor de la cornisa del salón; en el nuevo cuarto de baño principal se conservó la huella del excusado originario; en el cobertizo se pusieron nuevos cimientos y se reforzó el adobe de las paredes, con lo cual este espacio se convirtió en uno de los estudios; el pavimento de piedra ya existente fue cortado y reutilizado; en el salón y el estudio se conservó el ladrillo de los suelos, e incluso las plantas que ya vivían en aquel jardín.
Algunos de los materiales tratados en la nueva construcción son antiguos, como las barandillas de ladrillo o las tejas del techo; sin embargo, han sido utilizados desde otros planteamientos más modernos, jugando con la mezcla de materiales, como cintas o acero y burbujas de cristal en el hormigón y la piedra, que proporcionan, en el lenguaje maya, información de la línea de vida de los propietarios.

CASA PARA DOIS ARQUITECTOS

A casa foi construída sobre uma antiga fazenda muito próxima ao centro histórico da exótica aldeia mexicana de San Miguel de Allende. O projecto, que se acometeu desde o respeito pela história do lugar, levantou-se a utilizar elementos existentes da antiga casa. Desta maneira, a porta principal preservou-se intacta; o original adobe dos muros da rua foi reforçado com betão para estender o novo tecto e o segundo andar a aumentar assim, a grossura do friso da sala; na nova casa de banho principal conservou-se o vestígio da privada original; no galpão puseram-se novos alicerces e reforçou-se o adobe das paredes, com o qual este espaço converteu-se num dos estúdios; o pavimento de pedra já existente, foi cortado e aproveitado novamente; na sala e no estúdio conservou-se o tijolo do chão, e inclusive as plantas que já haviam naquele jardim.
Alguns dos materiais cuidados na nova construção são antigos, como os corrimãos de tijolo ou as telhas do tecto; no entanto, foram utilizados desde outros pontos de vista mais modernos, jogando com a mistura de materiais, como fitas ou aço e borbulhas de vidro no betão e na pedra, que nos proporcionam, na linguagem maia, informação do tipo de vida dos proprietários.

207 A house for two architects

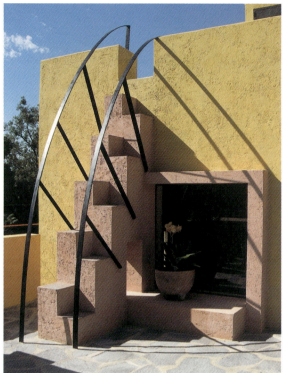

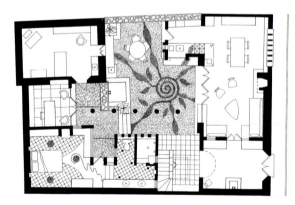

Ground floor
Planta baja
Rés-do-chão

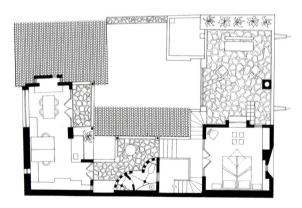

First floor
Primer piso
Primeiro andar

208 A house for two architects

209 A house for two architects

211 A house for two architects

All the environments on the main floor are open spaces that converge on the garden and central patio of the house, making this an excellent meeting area.

Todas las atmósferas de la planta principal son espacios abiertos que convergen en el jardín y el patio central de la vivienda, que es el lugar de reunión por excelencia.

Todos os ambientes do andar principal são espaços abertos que se unem no jardim e no pátio central da casa, que é o lugar de reunião por excelência.

The guest rooms and architect's studio have been located on the second floor in order to separate family life from work.

Las habitaciones de invitados y el estudio de arquitectura han sido ubicados en la segunda planta con el fin de separar la vida familiar de la vida laboral.

Os quartos dos convidados e a oficina de arquitectura foram situados no segundo andar com a finalidade de separar a vida familiar da vida laboral.

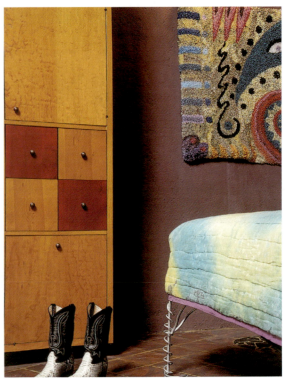

Plastic model Residence

Masao Koizumi / C+A
Kanagawa, Japan
Photo: Masao Koizumi

The urban development surrounding the house is highly dense and there is a close proximity of one house to another. To confront these facts, two types of panels were developed with different degrees of permeability and they consist of nearly the entire construction of the house. One is double-faced metal panel with a thermal insulating layer inside. The other is a system of prefabricated panels that were custom-made for this project where insulation was produced from two layers of glass and one layer of polycarbonate. These two elements make up the main walls of the house.
Although the panels have a much higher cost than a conventional wall, the cost notably reduces as no complicated anchoring systems are needed, as the structure system are the panels themselves. The labor time at the site was reduced to three days for the entire structure, façades, and interior paneling. This system also provides a substantial savings in labor costs, cleaning, and impact to the surroundings.

RESIDENCIA PLÁSTICA MODELO

El grado de desarrollo de la urbanización que rodea la vivienda produjo una alta densidad y la proximidad inmediata de una casa a la otra. Para enfrentar este hecho se adoptaron dos tipos de paneles, con diferentes grados de permeabilidad, que constituyen prácticamente la totalidad de la construcción. Uno es un panel metálico de doble cara con una capa de aislamiento térmico como material interior. El otro es un sistema de paneles prefabricados hechos a medida para esta obra, en donde el aislamiento se produce entre dos capas de cristal y una de policarbonato. Estos dos elementos constituyen las paredes principales de la casa.
Aunque los paneles tienen un costo más elevado que una pared convencional, el costo se reduce notablemente al no necesitar sistemas de anclaje complicados y conllevar en sí mismos el sistema estructural. El tiempo de obra en el lugar se redujo a tres días para la totalidad de la estructura, las fachadas y el revestimiento interior. Esto también trajo consigo un sustancial ahorro en la mano de obra, limpieza y afectación del entorno.

RESIDÊNCIA PLÁSTICA MODELO

O grau de desenvolvimento da urbanização que rodeia a casa produziu uma grande densidade e a grande proximidade duma casa à outra. Para resolver este facto adoptaram-se dois tipos de painéis, com diferentes graus de permeabilidade, que constituem praticamente a totalidade da construção. Um deles é um painel metálico de dupla face com uma capa de isolamento térmico como material interior. O outro é um sistema de painéis pré-fabricados feitos à medida para esta obra, onde o isolamento se produz entre duas capas de vidro e outra de policarbonato. Estes dois elementos constituem as paredes principais da casa.
Embora os painéis têm um custo mais elevado que uma parede convencional, o custo reduz-se bastante já que não precisa de sistemas de amarração complicados recebendo em si mesmos o sistema estrutural. O tempo da obra no lugar reduziu-se a três dias para a totalidade da estrutura, as fachadas e o revestimento interior. Isto também trouxe uma grande economia na mão-de-obra, limpeza e no quanto afectou ao entorno.

217 Plastic model Residence

The design and construction of this house in a small province of Japan was determined by the conditions of the district it was built in; surrounding it are traditional two-floor homes made from classical materials such as bricks or wood.

El diseño y la construcción de esta casa en una pequeña provincia de Japón estuvo determinada por las condiciones del barrio en donde se implanta, rodeado de casas tradicionales de dos plantas y materiales clásicos como el ladrillo o la madera.

O design e a construção desta casa numa pequena província do Japão esteve determinada pelas condições do bairro onde foi implantada, rodeada de casas tradicionais de dois andares e materiais clássicos como o tijolo ou a madeira.

The system that covers most of the house consists of a series of panels which have three layers, two of glass and one of polycarbonate.

El sistema que recubre la mayor parte de la casa consiste en una serie de paneles que contienen tres capas, dos de cristal y una de policarbonato.

O sistema que cobre a maior parte da casa consiste numa série de painéis que contém três capas, duas de vidro e uma de policarbonato.

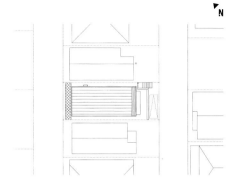

Floor plan
Planta de localización
Plano de localização

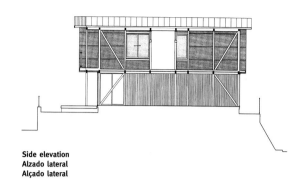

Side elevation
Alzado lateral
Alçado lateral

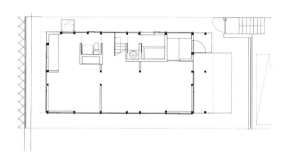

Ground floor
Planta baja
Rés-do-chão

Front elevation
Alzado frontal
Alçado frontal

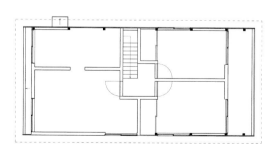

First floor
Planta primera
Primeiro andar

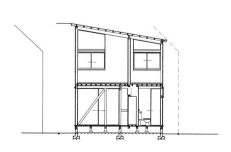

Transversal section
Sección transversal
Secção transversal

221 Plastic model Residence

Summer home and gallery

Henning Larsens Tegnestue
Vejby Strand, Denmark
Photo: Jens Lindhe

The singularity in the design of living space, gallery, and artist work space had to be located in specific surroundings, one that was natural but at the same time accessible to meet the client's needs. The chosen site is surrounded by a birch forest in the north of Zeeland, on the same island as Copenhagen, at 55 meter above sea level: a unique setting for a Scandinavian county like Denmark.

The construction was not to exceed 100 m² and had to function as both a workspace and an area to relax at the disposition of several artists.

The design was then transformed into a symmetrical scheme where the two principal spaces, one for work and the other for rest, would be located at either end of the structure. The center of the building would be articulated by a service module, grouping together the bathroom, kitchen, and two fireplaces here. Sliding doors built into the interior walls are used to divide each room or unite them into one continuous space that can be prolonged outside through the wood terraces.

RESIDENCIA DE VERANO Y GALERÍA

La singularidad del programa, como espacio de vivienda, galería y espacio de trabajo para artistas, debía encontrar un paisaje específico, natural pero al mismo tiempo accesible para que supliera las necesidades del cliente. El solar escogido está rodeado de un bosque de abedules al norte de Zealand, la misma isla en la que se encuentra Copenhague, a 55 metros sobre el nivel del mar. Un paisaje muy singular para un país escandinavo como Dinamarca.

La construcción no debía sobrepasar los 100 m² y debía funcionar como espacio de trabajo y de reposo a disposición de varios artistas.

El programa se traduce entonces a un esquema simétrico en donde dos espacios principales, uno de trabajo y otro de descanso -a cada extremo de la estructura-, se encuentran articulados por un módulo de servicios en el centro de la construcción. Aquí se agrupan el baño, la cocina y dos chimeneas. Puertas correderas que se introducen en los tabiques que definen estos espacios sirven para dividir cada estancia o unirlas en un solo espacio continuo que se prolonga al exterior a través de las terrazas de madera.

RESIDÊNCIA DE VERÃO E GALERIA

A singularidade do programa, como espaço para viver, galeria e espaço de trabalho para artistas, deveria encontrar uma paisagem específica, natural mas ao mesmo tempo acessível para suprir as necessidades do cliente. O solar escolhido está rodeado dum bosque de bétulas ao norte de Zealand, a mesma ilha em que se encontra Copenhaga, a 55 metros sobre o nível do mar.

Uma paisagem peculiar para um país escandinavo como a Dinamarca.

A construção não devia ultrapassar os 100 m² e deveria funcionar como espaço de trabalho e repouso à disposição de vários artistas.

O programa traduz-se então a um esquema simétrico onde os espaços principais, um de trabalho e outro de descanso -a cada extremidade da estrutura-, se encontram articulados por um módulo de serviços no centro da construção. Aqui agrupam-se a casa de banho, a cozinha e duas chaminés. Portas corrediças que se introduzem nos tabiques que definem estes espaços, servem para dividir cada habitação ou uni-las num só espaço contíguo que se prolonga ao exterior através dos terraços de madeira.

223 Summer home and gallery

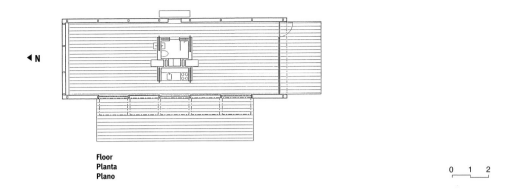

Floor
Planta
Plano

0 1 2

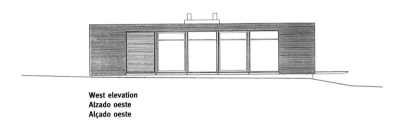

West elevation
Alzado oeste
Alçado oeste

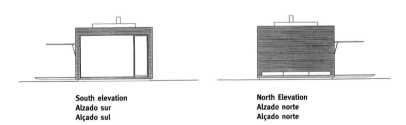

South elevation
Alzado sur
Alçado sul

North Elevation
Alzado norte
Alçado norte

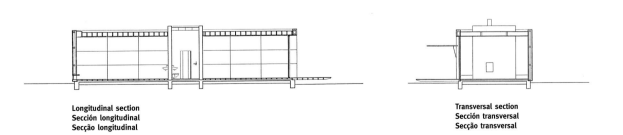

Longitudinal section
Sección longitudinal
Secção longitudinal

Transversal section
Sección transversal
Secção transversal

225 Summer home and gallery

227 Summer home and gallery

House on Omø Island

Ole Holst
Omø Island, Denmark
Photo: Ole Holst

This weekend refuge is located on Omø Island, in the south of Denmark, a small sliver of land, which apart from a small village, is mainly made up of farms and small, traditionally-built country cottages. The site is located on the less built-up side of the island with some panoramic views of the Great Belt waterway, making it an ideal place for a relaxing home.
The relationship between an elemental volume in the shape of a cube and construction based on using the region's traditional techniques create a simple architectural language but a rather strong composition: a wooden box that searches for light and the surrounding views through thin narrow openings. A single large window wall emphasizes the most attractive view towards the sea and the setting sun, while another 60 centimeter-wide slice cut around the building takes in the rest of the surrounding countryside.
The construction is based on the American framing system sheathed in plywood which allows windows and doors to be hung at any position in the house.

CASA EN LA ISLA DE OMØ

Este refugio de fines de semana está localizado en la isla de Omø, en el sur de Dinamarca. Una pequeña porción de tierra que, aparte de un pequeño pueblo, está compuesta principalmente por granjas y pequeñas casas rurales de construcción tradicional. El solar se encuentra en la parte menos edificada de la isla, con algunas panorámicas hacia el gran cinturón, contando con una situación ideal como casa de descanso.
La relación entre un volumen elemental en forma cúbica y una construcción basada en las técnicas tradicionales de la región crearon un lenguaje arquitectónico sencillo pero de gran fuerza compositiva. Se trata de una caja de madera con finas aberturas en busca de la luz y las panorámicas circundantes. Un único gran ventanal enfatiza la visual más atractiva hacia el mar y la puesta de sol, mientras que otro corte de 60 centímetros de alto alrededor del edificio enmarca el resto del paisaje circundante.
La construcción está basada en el sistema americano de estructura de marcos con un recubrimiento de contrachapado de madera que permite la disposición de puertas y ventanas en cualquier lugar de la casa.

CASA NA ILHA DE OMØ

Embora no interior a distribuição e os materiais são os mesmos, as superfícies de madeira e os tons claros fazem contraste com o exterior e dão-nos um aspecto mais acolhedor. Esta casa de férias está localizada na ilha de Omø, no sul da Dinamarca. Uma pequena porção de terra que, além duma pequena cidade, está composta principalmente por quintas e pequenas casas rurais de construção tradicional. O solar encontra-se na parte menos povoada da ilha, com algumas vistas dirigidas ao grande cinturão, a contar com uma situação privilegiada como casa para o descanso.
A relação entre um espaço elementar em forma de cubo e uma construção baseada nas técnicas tradicionais da região criaram uma linguagem arquitectónica simples mas duma grande força visual. Trata-se duma caixa de madeira com finas aberturas à procura da luz e das vistas que a rodeiam. Uma única e grande janela realça a vista mais atraente, em direcção ao mar e ao pôr-do-sol, enquanto que outra abertura ao longo de 60 centímetros de altura ao redor do prédio engloba o resto da paisagem ao que a rodeia.
A construção está baseada no sistema americano de estrutura de quadros com uma cobertura de contraplacado de madeira que permite a disposição de portas e janelas em qualquer lugar da casa.

Through an elemental scheme which mainly used the same materials that had been employed throughout the region, a singular object could be achieved. The dark wood house strikes a contrast with the traditional architecture surrounding it.

Mediante un esquema elemental, en el que se utilizan principalmente los mismos materiales con los que se construye en la región, se ha logrado crear un objeto singular. La vivienda de madera oscura contrasta con la arquitectura tradicional que rodea el lugar.

Por meio dum esquema simples, em que se utilizam principalmente os mesmos materiais com os quais se constrói na região, conseguiu-se criar um espaço bastante singular. A casa de madeira escura contrasta com a arquitectura tradicional que rodeia o lugar.

The dual positioning of the wooden beams can control the incoming light at the same time it enriches the exterior image with a fine texture.

La disposición en dos sentidos de los listones de madera permite el control de la luz al tiempo que enriquece la imagen exterior con una fina textura.

A disposição em dois sentidos das travessas de madeira permite o controlo da luz ao mesmo tempo em que enriquece a imagem exterior com uma fina textura.

The sleeping area, set up above, enriches the interior space by creating different levels and is used to conceal the bathroom, closet, and entrance of the house.

La superficie de dormir, en un nivel superior, enriquece el espacio interior creando alturas diferentes y sirve de contenedor del baño, el armario y el acceso a la vivienda.

A superfície dos quartos, num nível superior, valoriza o espaço interior a criar diferentes alturas e serve de espaço para a casa de banho, o armário e o acesso à casa.

Location floor
Planta de localización
Plano de localização

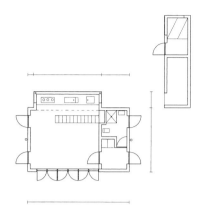

Ground floor
Planta baja
Rés-do-chão

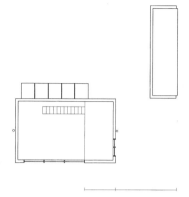

First floor
Planta primera
Primeiro andar

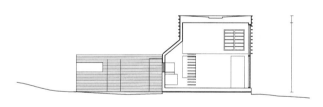

Transversal section
Sección transversal
Secção transversal

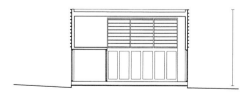

West elevation
Alzado oeste
Alçado oeste

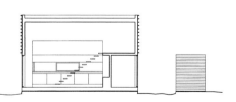

Longitudinal section
Sección longitudinal
Secção longitudinal

Tree House

Dawson Brown Architecture
New South Wales, Australia
Photo: Robert Brown

The idea behind this pavilion, which is an expansion of an original summer house from the 20's, was to best preserve the values held by the existing construction and the natural area surrounding it. Palm Beach, a beach town in the north of Australia, has always been considered as an area with great natural beauty, having splendid cabins from the beginning and middle of the century. One of their owners found that their house had an insufficient amount of space, even as a temporary summer home, and decided to add on to the house. The architects, after studying many possibilities, designed a scheme in which the addition would be separate from the house, taking the form of a small slender wood building giving rise its well-known name: the tree house.

An independent construction allowed the architects to conserve the scale of the existing house while giving them the freedom to create a building with its own personality. Although the materials utilized are similar to those used in the original, particularly the solid elements and wood paneling, the resulting forms are quite different. The verticality dominating the new building makes a contrast with the horizontal composition drawn by the old house.

CASA ÁRBOL

La idea de este pabellón, que alberga la extensión de una casa de verano original de los años 20, consiste en preservar al máximo los valores de la construcción existente y del paisaje natural donde se implanta. Palm Beach, esta localidad al borde del mar en el norte de Australia, ha sido considerada siempre como un entorno de gran belleza natural donde se pueden encontrar espléndidas cabañas de principios y mediados de siglo. Los propietarios de una de ellas encontraban insuficiente el espacio de la casa, incluso como residencia temporal, y decidieron ampliar la vivienda. Los arquitectos, tras estudiar varias posibilidades, llegaron a un esquema en el que la adición se separa de la casa en forma de pequeño edificio esbelto de madera, forma que originó el nombre por el que muchos la conocen: casa árbol.

La construcción independiente permitió conservar la escala de la casa existente y al mismo tiempo la libertad para generar un edificio con su propia personalidad. Aunque los materiales utilizados son similares a los de la casa original, en especial el uso de elementos macizos y paneles de madera, el resultado formal es muy diferente. La verticalidad que predomina en el edificio nuevo contrasta con la composición horizontal de la que parte el antiguo.

CASA ÁRVORE

A ideia deste pavilhão, que acolhe a extensão duma casa de verão original dos anos 20, consiste em preservar ao máximo os valores da construção existente e da paisagem natural onde se situa, Palm Beach. Esta localidade ao lado do mar no norte da Austrália, foi considerada sempre como um entorno de grande beleza natural onde podem encontrar-se espectaculares cabanas de início e metade do século. Os proprietários duma delas viam que não era suficiente o espaço da casa, inclusive como residência para férias, e decidiram ampliar a casa. Os arquitectos, depois de estudar algumas possibilidades chegaram a um esquema no qual a construção suplementar se separa da casa em forma dum pequeno e esbelto prédio de madeira, forma que originou o nome pelo qual muitos a conhecem: casa árvore.

A construção independente permitiu conservar a escala da casa que já existia e ao mesmo tempo a liberdade para criar um prédio com a sua própria personalidade. Embora os materiais utilizados são similares aos da casa original, especialmente o uso de elementos maciços e painéis de madeira, o resultado formal é muito diferente. A verticalidade que predomina no novo prédio contrasta com a composição horizontal da que parte o antigo.

237 Tree House

239 Tree House

The new construction was able to take advantage of the panoramic views of the surrounding forest and the open ocean, which could not be enjoyed at this site previously.

La nueva construcción permitió disfrutar de panorámicas, del bosque circundante y del océano abierto, que hasta ahora no se habían logrado percibir en este lugar.

A nova construção permitiu desfrutar de panorâmicas, do bosque ao redor e do oceano aberto, que até agora não se havia notado neste lugar.

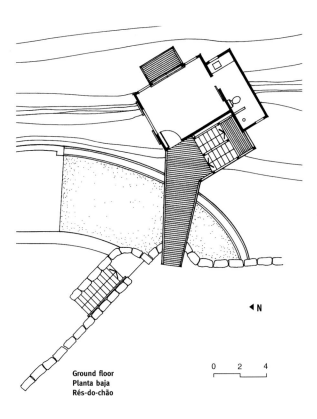

Ground floor
Planta baja
Rés-do-chão

0 2 4

◀ N

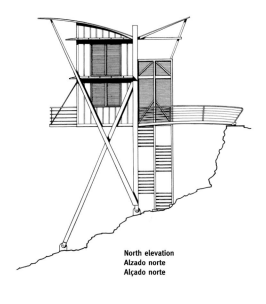

North elevation
Alzado norte
Alçado norte

First floor
Planta primera
Primeiro andar

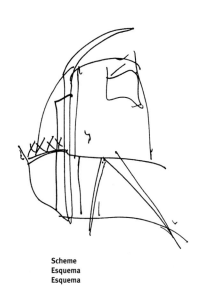

Scheme
Esquema
Esquema

241 Tree House

Wenger House

Heidi & Peter Wenger
Rosswald, Switzerland
Photo: Peter Wenger

This house is located at an altitude of 2000 meters in the heart of the Swiss Alps and the architects designed this small pleasure home themselves to spend short mountain vacations. Its remote location and seasonal use set the design guidelines as both the exterior and the interior function as retractable objects, enabling them to take rather varied positions. As it were a piece of Meccano, the windows, terraces, doors, chairs and kitchen furniture can be retracted in such a way to create situations stretching from a hermetically sealed object to a one completely open and integrated with the exterior. The structure, a simple system of inclined beams, demarks the interior space and provides the name commonly given to the house: Trigon. It is basically the same roofing structure of the traditional homes in the region, but in this case, the central body of the building is missing, as if it were sunk in the snow. The prevailing material used here is wood, both in the structural elements as well as the interior paneling and finishes.
Special care was taken when making the components of the house in order to create more than just a house but a mechanism, right down to the furniture that functions with great precision.

CASA WENGER

Esta casa se encuentra a 2.000 metros de altitud, en medio de los Alpes suizos, y consiste en una mínima residencia de recreo que los arquitectos mismos diseñaron para pasar cortas temporadas en la montaña. La aislada localización y su uso temporal marcaron las pautas de diseño puesto que tanto el exterior como el interior funcionan como un objeto desplegable que permite las más variadas situaciones. Como si se tratara de una pieza de mecano, las ventanas, puertas, terrazas, mesas, sillas y muebles de cocina se pueden desplegar, de manera que se crean situaciones que van desde el objeto herméticamente cerrado hasta la abertura e integración total con el exterior.
La estructura, un sistema simple de vigas inclinadas, marca el espacio interior y da origen al nombre con el que comúnmente se conoce a la casa: Trigon. Se trata de la misma estructura de las cubiertas de las casas tradicionales de la región, aunque en nuestro caso le faltaría el cuerpo central del edificio, como si estuviera enterrado en la nieve. El material predominante es la madera, empleada tanto para los elementos estructurales como para los revestimientos y acabados interiores. Un especial cuidado en la elaboración de todos los componentes de la casa hizo posible crear, más que una casa, una pieza mecánica a escala de mobiliario que funciona con gran precisión.

CASA WENGER

Esta casa encontra-se a 2.000 metros de altitude, no meio dos Alpes suíços, e consiste numa pequena casa de férias que os mesmos arquitectos desenharam para passar curtas temporadas na montanha. A isolada localização e o seu uso em temporadas marcaram as pautas do design, pois, tanto o exterior como o interior funcionam como um objecto desdobrável que permite as mais variadas situações. Como se tratasse duma peça de lego, as janelas, portas, terraços, mesas, cadeiras e móveis de cozinha podem desmontar-se, de maneira que se criam situações que vão desde o objecto completamente fechado até a abertura e integração total com o exterior.
A estrutura, um sistema simples de vigas inclinadas, marca o espaço interior e dá origem ao nome com o qual naturalmente se conhece a casa: Trigon. Trata-se da mesma estrutura das coberturas das casas tradicionais da região, embora no nosso caso faltara-lhe o corpo central do prédio, como se estivesse enterrado na neve. O material predominante é a madeira, utilizada tanto para os elementos estruturais como para os revestimentos e acabamentos interiores.
Um especial cuidado na elaboração de todos os componentes da casa fez possível criar, mais que uma casa, uma peça mecânica à escala do mobiliário que funciona com grande precisão.

243 Wenger House

244 Wenger House

246 Wenger House

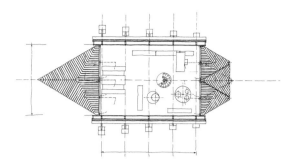

Ground floor
Planta baja
Rés-do-chão

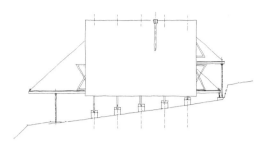

South elevation
Alzado sur
Alçado sul

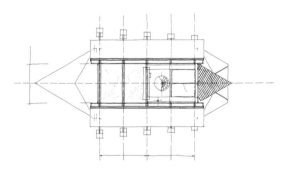

First floor
Planta primera
Primeiro andar

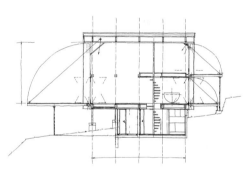

Longitudinal section
Sección longitudinal
Secção longitudinal

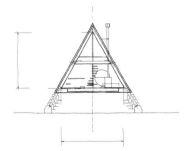

Transversal section
Sección transversal
Secção transversal

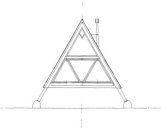

West elevation (open)
Alzado oeste (abierto)
Alçado oeste (aberto)

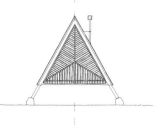

West elevation (closed)
Alzado oeste (cerrado)
Alçado oeste (fechado)

The retractable terrace on the west façade and the triangular pivoting windows create a rich language of form with the juxtaposition of planes.

La terraza desplegable de la fachada oeste y las ventanas pivotantes en forma triangular crean un rico lenguaje formal de planos yuxtapuestos.

O terraço desdobrável da fachada oeste e as janelas articuladas em forma triangular criam uma rica linguagem formal de planos justapostos.

To make the most of the minimally-proportioned interior space, it was decided to largely avoid decorative pieces or unnecessary furnishing. In their place, the architecture itself has provided these needs to the house.

Para sacar el mayor partido al espacio interior, de mínimas proporciones, se optó por evitar al máximo las piezas de decoración o mobiliario innecesario. En su lugar la misma arquitectura soluciona las diferentes necesidades de la vivienda.

Para tirar o melhor proveito ao espaço interior, de mínimas proporções, optou-se por evitar ao máximo as peças de decoração ou mobiliário desnecessário. No seu lugar a mesma arquitectura dá as soluções às diferentes necessidades da casa.

Black box

Andreas Henrikson
Halmstad, Sweden
Photo: Andreas Henrikson

The exterior image of this project, consisting of a small multipurpose movable home and, according to architect, making reference to a magic box, has helped lend it the name "the Black Box". The idea began from the architect himself who, in addition to being the promoter, is also the project's builder. The challenge consisted in generating a structure that could be installed on any site and one that would be apt for various uses. The box can be used as a small refuge, a studio, a small summer home, a pavilion, or student quarters. Each owner could define the use that would best suit their needs or location.

The structure consists of simple light wood frames which form orthogonal sections in three dimensions lined by ninety square agglomerated panels. Each panel has a plywood layer both inside and out which makes construction or disassembly of the box easy, thanks to the proportions and the detailed assembly. The roof is covered by a high quality rubber membrane that keeps the house both insulated from climate changes and watertight.

CAJA NEGRA

La imagen exterior de este proyecto, consistente en una pequeña casa móvil y multifuncional y que según el arquitecto hace referencia a una caja mágica, ha contribuido a que se le haya dado el nombre de "Caja negra". La idea parte del propio arquitecto, quien además de promotor es constructor del proyecto. El reto consistía en generar una estructura que se pudiera instalar en cualquier lugar y que fuera apta para distintos usos. La caja puede ser usada como pequeño refugio, estudio, pequeña casa de verano, pabellón, oficina o vivienda para un estudiante. Cada propietario puede definir el uso que va a otorgarle según sus necesidades y localización.

La estructura consiste en un sistema simple de marcos de madera liviana, que forman una trama ortogonal en tres dimensiones, forrada por noventa paneles aglomerados de forma cuadrada. Cada panel tiene una capa de contrachapado tanto en el interior como en el exterior que facilita la construcción o el desmontaje de la caja gracias a sus proporciones y detalles de ensamblaje. El techo está cubierto por una membrana de goma de alto calibre que mantiene la casa aislada de las variables climáticas y el agua.

CAIXA PRETA

A imagem exterior deste projecto, consiste numa pequena casa móvel e multifuncional e que em opinião do arquitecto faz referência a uma caixa mágica, contribuiu a que se lhe tenha dado o nome de "Caixa preta". A ideia surge do próprio arquitecto, quem além do promotor é o construtor do projecto. O desafio consistia em gerar uma estrutura que se pudesse instalar em qualquer lugar e que fosse apta para diversos usos. A caixa pode ser usada como pequeno refúgio, estúdio, pequena casa de verão, pavilhão, oficina ou casa para um estudante. Cada proprietário pode determinar o uso que lhe vai dar, dependendo das suas necessidades e localização.

A estrutura consiste num sistema simples de molduras de madeira ligeira, que formam um vigamento ortogonal em três dimensões, forrado por noventa painéis aglomerados de forma quadrada. Cada painel possui uma capa de contraplacado tanto no interior como no exterior que facilita a construção ou desmontagem da caixa graças às suas proporções e detalhes de ensamblagem. O tecto está coberto por uma membrana de borracha de grande calibre que mantém a casa isolada das variações climáticas e da água.

251 Black box

 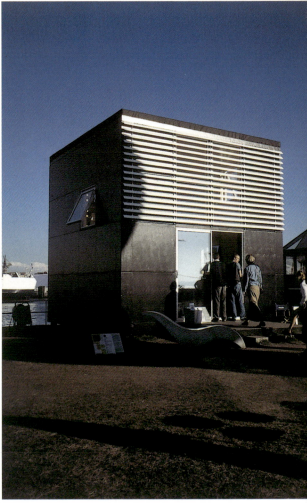

Both the entry platform and the blinds on the upper level are folding elements that can be adjusted according to the use of the structure or the amount of the light.

Tanto la plataforma de acceso como la persiana, en la parte superior, son elementos abatibles que se pueden ajustar de acuerdo con el uso de la estructura o según la incidencia de la luz.

Tanto a plataforma de acesso como os estores, na parte superior, são elementos dobráveis que se podem ajustar de acordo como o uso da estrutura dependendo da incidência da luz.

The building's proportions and composition of the exterior façades, the full and empty spaces, are drawn from the structural system used. The square format of the agglomerated panels emphasizes the orthogonal geometry that gave rise to the project.

Las proporciones del edificio y la composición de las fachadas exteriores, los llenos y los vacíos parten del sistema estructural utilizado. El formato cuadrado de los paneles de aglomerado enfatiza la geometría ortogonal de que parte el proyecto.

As proporções do prédio e a composição das fachadas exteriores, os cheios e os vazios partem do sistema estrutural utilizado. A forma quadrada dos painéis de aglomerado dá ênfase à geometria ortogonal da qual surge o projecto.

254 Black box

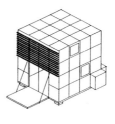

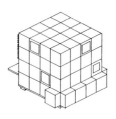

Perspectives from the entrance
Perspectivas desde el acceso
Perspectiva desde o acesso

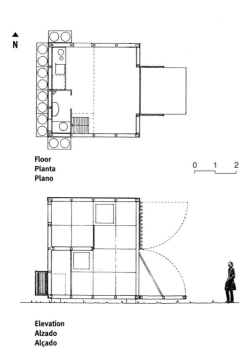
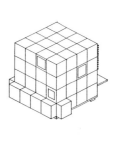

Floor
Planta
Plano

0 1 2

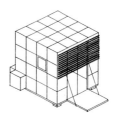

Elevation
Alzado
Alçado

Axonometric scheme
Esquemas axonométricos
Esquemas axonométricos

255 Black box